J.-B. WEKERLIN.

OPUSCULES
SUR LA CHANSON POPULAIRE
ET SUR LA MUSIQUE.

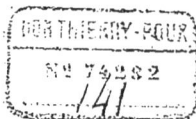

(AIRS NOTÉS, PLANCHES, FAC–SIMILE.)

TIRAGE A 50 EXEMPLAIRES.

PRIX : 4 FRANCS.

PARIS,

LIBRAIRIE J. BAUR, 11, RUE DES SAINTS-PÈRES.

IMPRIMERIE CHARLES DE MOURGUES FRÈRES,
1874.

FÊTES ET CHANSONS POPULAIRES

DU PRINTEMPS ET DE L'ÉTÉ,

PAR

J.-B. WEKERLIN.

I.

Le Printemps.

Les dieux s'en vont a-t-on chanté sur tous les tons et à tous les âges...
Ce refrain, plusieurs fois séculaire, manque totalement de vérité, car si
les dieux s'en vont, ils en laissent d'autres à leur place, c'est-à-dire que
si certaines coutumes disparaissent, devenues ridicules et chassées par
la civilisation (gros mot bouffi de promesses dorées), ces coutumes se
trouvent remplacées par de nouvelles, qui ne sont qu'un rajeunissement
de la forme des anciennes.

Gagnons-nous ou perdons-nous au change? Nous y perdons incontestablement au point de vue de ce bonheur intime, de ce bonheur de
tous, attaché, rivé aux anciennes et naïves coutumes populaires, que
nous ne connaissons plus guère que par tradition, et qui dans quelques
années auront passé à l'état de légendes. Nous gagnons en bonheur
matériel, en bien-être égoïste que cette civilisation nous apporte en
échange.

Les anciennes fêtes populaires avaient une expansion qu'on ne retrouve plus et qu'on chercherait en vain dans nos restes de fêtes de village, dont le déclin est tel, même depuis vingt ou trente ans seulement, que notre génération tant soit peu sceptique, les verra probablement s'éteindre complétement.

Aussi, que d'érudits se hâtent depuis quelques années de faire paraître leurs opuscules sur tel ou tel usage populaire, de crainte que dans quelque temps le souvenir même n'en soit totalement effacé.

Le but de ces fêtes était pourtant louable ; Sénèque est de cet avis, quand il dit, dans son *Traité de la tranquillité de l'âme :* « Les législateurs ont institué des jours de fête pour réunir les hommes dans des réjouissances publiques; ils ont jugé nécessaire d'interrompre leurs fatigues par des délassements. *Legum conditores festos instituerunt dies,* etc. »

Le soleil fut une des premières divinités adorées par les païens, comme symbole de la lumière, de la chaleur et de la fécondité. La Grèce antique l'appela *Jupiter, Apollon, Bacchus, Hercule;* la Phénicie *Beel-Schamin, Adonis;* l'Assyrie *Adad, Bélial;* la Perse *Mithra;* l'Egypte *Serapis, Osiris, Pan, Priape;* ce fut *Bélen* ou *Bélénus* dans la Norique et chez les Celtes.

Les fêtes du soleil dans l'ancienne Grèce se trouvent longuement décrites dans les deux premiers volumes des *Fêtes et Courtisanes de la Grèce,* ouvrage dont la réputation nous paraît un peu surfaite, quoiqu'il *fut écrit auprès de deux femmes aimables et sensibles,* à ce que dit l'auteur dans son introduction.

Les Druides avaient parmi les deux fêtes principales de l'année : le *samh-in* ou fête du feu de la paix, et le *béil-tin* ou fête du feu de Béil ; celle-ci se célébrait le 1er mai, qui était le premier jour de l'année celtique, comme le prouve le nom de ce mois en dialecte celto-calédonien *céit-uin* ou *ceud-uin, le premier mois* ou le *premier temps.* On allumait à cette occasion un grand feu sur une hauteur à portée d'une fontaine ou d'un amas d'eau quelconque, et l'on y faisait de grandes réjouissances (1).

Les *Balderies* tirent également leur origine de deux mots celtiques *Bal,* soleil, et, *rid* mystères, *bal deries,* feux mystérieux (2). *Balder,* fils

---

(1) *Histoire des Druides,* par M. David de Saint-Georges, Arbois, 1845, pages 4 et suivantes.

(2) *Esquisses historiques sur la Saint-Jean,* par M. *Renault.* Coutances, 1856, brochure in-8°.

aîné d'Odin et de Frigga, était l'Apollon du Nord, la personnification de la lumière et de la beauté.

Jules César parle des anciens peuples du Nord comme adorateurs du soleil ; pour eux, c'était, sans contredit, la divinité matérielle la plus bienfaisante. Ce dieu était représenté par une jeune fille à moitié nue, ayant la tête entourée de rayons, et tenant à la main une roue enflammée (1).

Les Romains, après avoir soumis les Gaules et les pays qui environnent le Rhin, ne cherchèrent point à détruire les croyances religieuses ou les cultes qu'ils y trouvèrent établis ; ils finirent même par confondre le culte d'Apollon (qui présidait au printemps chez les Grecs et chez les Romains) avec celui de *Bél*. Les Germains vinrent à leur tour changer cette appellation en *Belchen*, *Boll* ou *Bollen*, qui désigne une hauteur bien exposée au soleil. Une ramification du mot *Bél* s'est conservée en Bretagne, où *Bélègiez*, par abus *Bélégiach*, veut dire prêtrise, sacerdoce (2).

Les Irlandais appellent le 1er mai *Bealteine*. Les Cimbres avaient leur *danse du feu* en l'honneur du soleil (3).

Vénus et *Flora* étaient plus spécialement honorés par les Romains aux ides du printemps. Il nous reste encore le poëme *Carmen de Vere, seu Pervigilium Veneris*, commençant ainsi :

> *Cras amet, qui nunquam amavit ;*
> *Quique amavit, cras amet, etc.*

Ce poëme de la *Veillée de Vénus* a été maintes fois réédité, et cela à partir du XVIe siècle (4) ; il se trouve en entier avec une traduction de M. de Cayrol, dans une brochure in-8°, ABeville, sans date.

Tous les anciens peuples divisaient l'année en deux saisons : l'hiver et l'été ; l'année commençait alors le 25 mars. Aux premiers jours de cette nouvelle saison, on remerciait les dieux d'avoir passé heureusement l'hiver, et l'on invoquait les dieux malfaisants, en tâchant de les

---

(1) *Vollmer*, dans son *Dictionnaire mythologique*, soutient, au contraire, que Freya portait une cuirasse ; elle est ainsi représentée dans les planches de l'ouvrage. Cette contradiction provient sans doute de ce qu'on a confondu souvent *Freya* avec *Frigga*. Freya, dans la mythologie scandinave, est la déesse de l'Amour, la Vénus des Romains.

(2) *Le Gonidec, Dictionnaire celto-breton*. Angoulême, 1821.

(3) *Le Temple admirable des Juifs et des païens* (en allemand), par Nerreter. Nuremberg, 1717.

(4) Voyez la Préface de la première édition du *Chef-d'œuvre d'un inconnu*. Consultez également la note de M. Édélestand du Méril : *Poésies populaires latines antérieures au XIIe siècle*, page 111, *Veillée de Vénus*.

fléchir et se les rendre propices, pour se préserver des maladies et de la mort, dans la nouvelle année (*averruncandi causæ* disaient les Romains). En cette fête, on célébrait aussi la victoire du dieu du jour, d'Apollon, du soleil enfin, sur le dieu néfaste qui le tenait emprisonné durant l'hiver.

Des traces de cette fête se trouvent encore en Bohême, en Silésie, même à Leipzig, Dresde, etc. En Moravie, s'est conservée également la coutume de noyer l'hiver quand vient le printemps. Une poupée au haut d'une perche simule l'hiver, et quand, après toutes sortes de malédictions, on l'a jetée à l'eau, jeunes filles et garçons rentrent chez eux, portant une branche verte ornée de rubans, de coquilles d'œufs, etc. On leur fait de petits cadeaux, et ils chantent un chant plusieurs fois séculaire commençant ainsi :

> *Smrt nesem z mésta*
> *Leto do mésta, etc.*
>
> Nous avons porté la mort hors la ville,
> Nous y rapportons l'été.

Chez les Esquimaux, la fête du soleil se célèbre le 22 décembre : c'est ce jour-là que le soleil redevient visible chez ces peuples ; il est salué par des cris de joie, par des danses, par des chants qui se terminent ainsi :

> *Amnah, ajah, ajah, ah-hu ;*
> *Amnah, ajah, ajah, ah-hu.*
>
> Le soleil revient, avec lui le beau temps (1).

L'*enterrement de la mort par le printemps* a laissé des traces dans quelques provinces de l'est de la France ; nous retrouvons même cette coutume sans nous reporter bien loin en arrière.

Le peuple en ce jour s'attroupait, les enfants n'y faisant pas faute et tenant en main des baguettes, des épées de bois ornées de rubans, quelquefois de gâteaux. A la tête du cortége se trouvait un enfant ou un homme tout habillé de paille ; c'était l'*hiver* (ou la mort) ; une autre personne, couverte de lierre, représentait le *printemps*.

Les enfants s'écriaient :

> En avant ! en avant !
> Tuez la mort !
> Percez-lui les yeux !

(1) *Abriss der Sitten und Gebräuche aller Nazionem*, par *K. Lang*, Nuremberg, 1810, tome I, page 123.

Alors commençait un combat entre ces deux personnages, combat dans lequel le printemps était toujours victorieux. Au retour, on plantait un sapin, un mai, en chantant :

> La mort est enterrée,
> Le printemps l'a tuée !
> Voici les fleurs, voici l'été :
> La mort est enterrée !

Dans les pays de montagnes, on se rendait sur une élévation ; là on avait entouré de matières inflammables une grande roue de voiture ; elle était en même temps ornée de fleurs. A la nuit tombante, on mettait le feu à la roue et on la faisait rouler du haut de la colline vers le village : c'était le soleil qui arrivait. Dans la plaine, on promenait simplement une roue enflammée dans les champs, avec force cris de joie.

Une charte de 1565, relatant une transaction entre Iolande de Bassompière, abbesse du chapitre d'Epinal, et les magistrats de cette ville, constate la cession d'une portion de forêt, afin qu'à l'avenir, cette dame Iolande et son couvent soient affranchis de l'obligation de fournir chaque année *la roue de Fortune et la paille pour la former.*

Les riverains de la mer, comme les Bretons, se réunissaient sur la grève, avec des torches enflammées qu'on faisait tourbillonner vivement en rond, simulant des cercles enflammés dans l'obscurité : toujours l'image du soleil.

Nous traduisons ici une ancienne chanson du printemps, recueillie aux environs de Spire :

> Tra la, tra la,
> Voici que l'été arrive,
> Allons au jardin
> Lui souhaiter la bien-venue,
> Tra la, tra la,
> Voici que l'été arrive.
>
> Tra la, tra la,
> Voici que l'été arrive,
> L'hiver est prisonnier ;
> Tra la, tra la,
> Voici que l'été arrive.
>
> Tra riro,
> Voici que l'été arrive,
> L'été, l'été,
> L'hiver est vaincu :
> Oui, oui, oui,
> Voici que l'été arrive.

Il y a même deux rimes finales, deux versicules en dehors de la chanson, qui étaient ajoutés sans doute sur un récitatif *ad libitum* très-expressif :

> Qu'on se joigne à nous,
> Ou l'on sera bâtonné.

M. E. de Beaurepaire (1), en parlant des anciens usages se rapportant aux fêtes de Noël, de l'Épiphanie, etc., conclut ainsi : « S'il est assez difficile de connaître l'origine précise de ces usages superstitieux et de savoir notamment s'ils se rattachent au polythéisme romain ou aux croyances druidiques, il est au moins certain qu'ils se trouvent mentionnés dans les canons du concile d'Arles, parmi les pratiques scandaleuses que le nouveau culte n'avait point entièrement réussi à faire disparaître. Le culte des arbres, des fontaines, des pierres et l'allumement des *brandons* (2) ou bourguelées, s'y trouve placé sur la même ligne et proscrit au même titre. Le concile de Leptimes renouvelle la défense, et parmi les cérémonies païennes qu'il signale au zèle des évêques, se rencontrent ces feux sacriléges que les fidèles rougissent de nommer (*sacrilegos illos ignes quos nec fratres vocant*). Il est probable que ces feux et les chants qui les accompagnaient ne furent tolérés plus tard qu'en faisant oublier leur origine à la faveur d'une des fêtes de l'Église. La saint Jean, le dimanche des Brandons, Noël et l'Épiphanie couvrirent de leur nom ces vieux restes du paganisme, et c'est grâce à leur patronage qu'ils sont arrivés jusqu'à nous. »

N'est-ce pas aussi un souvenir païen qui avait donné lieu à la bénédiction du feu, pratiquée au moyen âge dans certaines églises, entr'autres dans celle du chapitre de Saint-Thomas, à Strasbourg, où l'on invoquait la faveur divine sur le cierge Pascal, qui était allumé au moyen d'une étincelle jaillissant du frottement du briquet contre une pierre ; les paroissiens, après avoir éteint toute espèce de feu dans leurs maisons, venaient allumer des cierges à ce feu Pascal et les reportaient ainsi dans leurs foyers (3).

L'ancienne coutume du *feu nouveau* qu'on allait chercher dans les cathédrales le samedi saint était généralement pratiquée par les chrétiens.

Quant aux *fêtes des solstices*, saint Éloi, qui vivait au VIIe siècle, recommande à ses ouailles de ne pas les célébrer par des danses, des

---

(1) *Étude sur la poésie populaire en Normandie*, par E. de Beaurepaire. Avranches, 1856, in-8°.

(2) *Brandon*, mot qui nous vient de l'allemand : *brand* signifie feu, embrasement.

(3) *Lettres sur les archives départementales du Bas-Rhin*, par M. Louis Spach. Strasbourg, 1862, page 278.

caroles (chansons à danser) et autres chants diaboliques (*coraulas vel cantica diabolica*).

Une tapisserie, provenant des anciens rois de Bourgogne et représentant les douze mois de l'année, fait voir dans le mois de mars *la fête des Brandons*, chaque chevalier y conduit sa dame, un grand flambeau à la main (1).

Dans le Berry, le dimanche de Quasimodo, on allume à minuit des torches de paille. et on les brandit sous les arbres pour les préserver de la gelée, des chenilles, etc. En rentrant, on mange des *sinciaux* (omelette épaisse avec de la farine) ; ce dimanche s'appelle le *Dimanche des Brandons* (2).

Cette coutume existe également dans le Bourbonnais, y compris les *sinciaux*. Elle s'étend même jusque dans les villes où l'absence des chenilles ne l'exigerait pas absolument : on élève des feux de joie dans les faubourgs, les notables de la ville y mettent le feu et l'on danse autour, ce qui altère beaucoup : mais il y a remède à tout ; même les habitants des villages environnants viennent autant pour le remède que pour la fête elle-même. En Bourbonnais, cela s'appelle les *Trafugeaux* (3).

M. de Gerville, dans ses *Études sur le département de la Manche*, cite la coutume normande des *Collinettes* ou *Flambarts*, noms qu'on donne aux torches ou brandons qui servent à cette cérémonie nocturne : « A Saint-Waast et à Réville, des centaines d'enfants parcourent le pays la veille de l'Épiphanie, des brandons à la main, ils crient :

> Taupes et mulots-
> Sors de mou clos,
> Ou je te mets le feu sur le dos.

« Dans la commune de Créances, une grande partie de la population passe toute la nuit à faire la même sommation aux taupes et aux mulots. »

M. E. de Beaurepaire (4), en parlant de ces processions singulières dans le Bessin, nous donne le *chant des Coulines* que voici :

Couline vaut lolot, | (La couline donne du lait, une
Pipe au pommier, | pipe au pommier, un boisseau à
Guerbe au boissey, | la gerbe, du beurre et du lait,
Bieurre et laict, | tout en quantité.)
Tout à planté.
Adieu, Noël !
Il est passé.

(1) *Histoire du petit Jehan de Saintré*, etc., par M. de Tressan. Paris, 1792, page 51.
(2) Vocabulaire du Berry, par le comte Jaubert. Paris, 1842.
(3) Physiologie du Bourbonnais. Moulins, chez Desrosiers, sans date, in-12.
(4) Étude sur la poésie pop. en Normandie, etc.

Couline vaut lolot,
Pipe au pommier,
Guerbe au boissey,
Bieurre et laict,
Tout à planté.
Noël s'en va,
Il reviendra.

Couline vaut lolot,
Pipe au pommier,
Guerbe au boissey,
Bieurre et laict,
Tout à planté.

Taupes et mulots,
Sors de mon clos,
Ou je te casse les os.

David Ferrand, ce poète imprimeur de Rouen, nous apprend, en parlant de certains châteaux de Normandie dans sa *Muse normande* (1655), qu'ils étaient : « *Painturais de la même fachon que le sont les fallots des Rois, quand no zi fique des candelles allumais pour crier : Adieu Noël.* » Voici une autre chanson de *Coulines :*

Taupes et mulots, sortez de mon clos,
Ou je vous brûlerai la barbe et les os.
Bonjour les rois
Jusqu'à douze mois,
Douze mois passés,
Rois, revenez.
Charge pommier,
Charge poirier,
A chaque petite branchette
Tout plein ma grande pouchette.
Taupes, mulots, sortez de mon clos
Ou je vous brûlerai la barbe et les os.

Variante :

(Les garçons.) A chaque braquette
               Tout plein mes pouquettes.
(Les filles.) A chaque bourgeon,
               Tout plein mes cotillons.
(Tous.) Taupes et mulots,
               Si tu viens dans mon enclos,
               Je te brûle la barbe et l's os.

Une autre du *Loiret*, et que M. Tarbé a reproduit dans son *Romancero de Champagne*, tome II, page 68.:

Sortez, sortez d'ici mulots,

Ou je vais vous brûler les crocs !
Quittez, quittez ces blés,
Allez, vous trouverez
Dans la cave du curé
Plus à boire qu'à manger.

La coutume des *Brandons* vient sans doute de quelques pratiques des premiers chrétiens ; mais les anciens célébraient aussi des réjouissances analogues en l'honneur de Pluton et de plusieurs autres dieux. Les Grecs avaient une fête consacrée à Cérès et à Proserpine, qui se célébrait le 15 du mois de brœdomion, ce qui répondait à notre mois de septembre, laquelle se renouvelait tous les cinq ans et durait neuf jours. Le cinquième s'appelait le jour des Flambeaux, parce que les hommes et les femmes portaient des flambeaux durant toute la nuit, et que les initiés aux mystères de Cérès agitaient leurs torches autour des autels. Les Athéniens avaient également leur fête des *Lampas,* dans laquelle les jeunes gens étaient armés de flambeaux (1).

Dans les environs de Donchery-sur-Meuse, en Champagne, les enfants brûlent, le jour des *Brandons,* de la bourre ou des torches de paille dans les rues ; le paysan ne croirait pas sa maison en sûreté, si l'on négligeait cet usage. Ailleurs, les gens de la campagne vont, la nuit de ce jour, avec des torches de paille allumées, parcourir les arbres de leurs jardins, et les apostrophant les uns après les autres, ils les menacent, s'ils ne portent du fruit cette année, de les couper et de les brûler. Cette pratique paraît venir des païens, qui, au mois de février, couraient les nuits avec des flambeaux allumés pour se purifier et procurer le repos aux mânes de leurs parents et de leurs amis (2).

On voit sans peine, à travers tous ces détails, on pourrait dire à travers tout ce dédale, dans nos excursions chez les différents peuples et à différentes époques, combien les usages populaires sont rudes à déraciner. Ils se transforment, ainsi que nous l'avons observé dès notre début, mais on peut suivre les traces de ces transformations.

Maintenant encore, dans certaines provinces de la France, comme en Alsace, par exemple, on a l'habitude de tuer le porc gras et de faire des gâteaux particuliers (3), aux environs de Noël ou du nouvel an. Eh

(1) *Coutumes, mythes et traditions des provinces de France,* par A. de Nore. Paris et Lyon, 1846, page 254.

(2) *Matinées sénonoises,* par l'abbé Tuet. Sens, 1789, page 248.

(3) Ces gâteaux s'appellent *Bierenwecken* en Alsace ; c'est une pâte dans laquelle il entre des poires, des pommes, des noix, des pruneaux, et probablement encore deux ou trois ingrédients qui échappent à notre mémoire.

---

bien ! c'est chez les Scandinaves qu'il faut aller se renseigner pour trouver une origine à cette coutume.

Au 21 décembre (1), dans le Nord scandinave, on célébrait la fête de *Juel*. Ce nom signifiait la roue du soleil dans l'ancienne langue des Goths. Donc, ce jour-là on offrait au dieu *Freyr* un porc, animal qui lui était particulièrement consacré, et ce sacrifice se faisait en présence du roi. Les principaux chefs posaient la main sur le dos de l'animal et juraient fidélité à leur souverain. Cette cérémonie était suivie de plusieurs jours de réjouissances, de danses, de banquets où l'on mangeait des gâteaux particuliers et où l'on invoquait la déesse *Freya* pour la prospérité des biens de la terre (2).

Vollmer, dans sa *Mythologie scandinave*, voit même une image du soleil dans les *bretstell*, sorte de gâteau bien connu en Alsace et de l'autre côté du Rhin, dont la forme à peu près ronde, reliée par des rayons, peut ressembler au soleil, en y mettant beaucoup de bonne volonté.

Le christianisme a fait disparaître insensiblement chez le peuple les anciennes coutumes des *Brandons* et leur a substitué la belle fête des *Rogations*, procession qui se fait au printemps autour des champs, et qui est destinée à appeler la bénédiction du ciel sur les fruits de la terre. L'institution des Rogations est attribuée à saint Mamert, évêque de Vienne, en Dauphiné, vers 468.

Une coïncidence remarquable avec l'époque des fêtes païennes à l'arrivée du printemps est la fête chrétienne de la Pentecôte, où l'Esprit-Saint descendit sur les apôtres. A Vienne, en Dauphiné, aux paroles *ignem accende* du *Veni sancte Spiritus*, l'officiant jetait quelques charbons allumés ; dans d'autres églises, on jetait du haut de la voûte des étoupes enflammées ; à Troyes et à Sens, on lâchait une colombe ou d'autres oiseaux (3). A cette dernière cérémonie disparaît évidemment tout rapprochement possible avec les fêtes du feu ou du soleil.

II.

Le mois de Mai.

L'histoire du peuple romain est une longue suite de fêtes, justifiées par le grand nombre de dieux auxquels on offrait des hommages.

---

(1) Époque du solstice.

(2) *Mythologie de l'ancienne Allemagne et des Slaves*, par *Thäny-Znaïm*. 1827 (en allemand).

(3) *Dom Claude de Vert. Explication des cérémonies de l'Église*. 1710.

Le mois d'avril était consacré à Vénus, déesse du printemps et des amours. Ovide l'a chanté éloquemment au commencement du 4e livre de ses *Fastes*. Le premier jour d'avril, les dames romaines, couronnées de myrthe, prenaient un bain à l'honneur de Vénus, et lui offraient de l'encens après avoir bu une potion de lait, de miel et de graines de pavot. Elles offraient aussi un sacrifice à la Fortune virile, qui leur apprenait à masquer les défauts corporels qu'elles pouvaient avoir (1).

Ce mois avait encore d'autres fêtes, comme les *Fordicidies* pour la prospérité des vaches ; les *Vulpinales*, pour celle des récoltes ; les *Palilies*, pour celle des brebis ; les *Robigales*, contre les maladies des épis de blé, etc.

Durant les trois premiers jours de mai, les Romains célébraient la fête de *Flora*. Cette déesse est la même que la *Khloris* des Grecs ; les Sabins l'appelaient *Hlore*.

La reine du mois de mai, ou *Maia*, qui passait pour la mère de Mercure, était représentée par une jeune fille magnifiquement habillée ; on la promenait sur un char couronné de feuilles et de fleurs.

Les compagnes de cette reine *Maia* arrêtaient les passants, en leur demandant de l'argent pour leur reine. Chez les anciens Grecs cela se pratiquait déjà ainsi ; les jeunes filles chantaient la célèbre *Chanson de l'Hirondelle*.

Pour en revenir aux Romains, on portait dans ces fêtes des robes où brillaient des couleurs variées, pour représenter celles dont la terre est émaillée dans cette saison ; on se couronnait de fleurs, on allumait partout des flambeaux, on ornait les portes de feuillages ; on plantait un arbre devant les maisons distinguées ou devant la porte de sa maîtresse, avec ses livrées.

Estienne Pasquier, dans ses *Recherches de la France* (1596), parle ainsi de la fête de Flora : « Les Romains, pour appaiser l'ire du temps, sur les premiers jours du mois de may, avoient accoustumé de célébrer la feste de Flora, déesse des fruits, en laquelle ils se débordoient infiniment : car d'un costé la jeunesse alloit au bois, et rapportoit une infinité de rameaux dans la ville, dont elle parait les maisons ; d'un autre costé les filles de joye couroient nues au milieu des rues, ayans seulement les parties honteuses couvertes : et lors se donnoient puissance de brocarder impunément tous ceux qui se rencontroient devant elles. Il ne faut point faire de doute qu'en telles joyes publiques l'on ne fit plusieurs grands bancquets, mesmes avoient lors coutume de s'entrenvoyer des tartres et gasteaux, comme nous apprenons du poëte Ovide

(1) *Court de Gébelin, Le Monde primitif, etc.*, p. 378. (*Histoire du Calendrier.*)

dans ses *Fastes*. Ce que j'ay veu aussi avoir esté autrefois pratiqué dans Paris au jour de la feste d'une paroisse (1). »

Malgré tous les efforts du christianisme et les anathèmes des Conciles, la fête du mois de mai, d'origine payenne incontestable, n'a pu être déracinée. Ainsi que nous l'avons observé déjà, le type ancien n'a fait que se transformer à travers la marche des siècles; l'expression, quoique modifiée selon les différentes formes du langage caractérisant les époques traversées par ces chansons du mois de mai, n'en laisse pas moins deviner son origine primitive.

Il est encore une autre modification que ces chansons subissent, ce sont les différents couplets interpolés, provenant des mœurs particulières à chaque pays, à chaque province, qui leur adjoignent leurs us et coutumes du moment.

C'est avec intention que nous avons évité de parler des chansons et des usages de *Noël*, des *Epîtres farcies*, du *Roi boit*, du *Nouvel an*, etc., nous proposant de traiter ces divers sujets dans un travail spécial.

Un manuscrit de la bibliothèque impériale (fonds Saint-Germain, n° 1989) renferme la *Chanson d'avril* qui suit. M. Leroux de Lincy (2) fait remonter cette pièce au XII° siècle; elle est en dialecte poitevin, formé avec le français usité en Normandie et le provençal, très-cultivé à la cour des comtes de Poitou.

Al en - tra - de del tens cler Eya Pir joi - e
re co - men - çar E - ya —— Et pir ja - lous ir - ri - tar
Eya Vol - la re - gi - ne nos - trar kele est si a - mo -
- rou - - se a - la - vi a - la - vi - e ja - - lous
las - saz nos las - saz nos bal - lar en - tre nos en - tre nos.

(1) C'était sans doute le pain bénit qu'on s'envoie aujourd'hui.
(2) *Recueil de chants historiques français*, 1845, tome 1er, page 76.

TRADUCTION :

A l'entrée du beau temps, Eya ! pour ramener la joie et pour irriter les jaloux, la reine veut montrer qu'elle est bien amoureuse. Allez ! allez ! jaloux, laissez-nous, laissez-nous danser entre nous, entre nous.

2.

Ele a fait par tout mandar
    Eya !
Non sie jusq'à la mar,
    Eya !
Pucele ni bachelar,
    Eya !
Que tuit non venguent dançar
En la dance joiouse.
Alavi, etc.

Elle a fait partout mander, Eya ! qu'il n'y ait jusqu'à la mer, jeune fille ni bachelier qui ne vienne danser en la danse joyeuse. Allez, etc.

3.

Lo reis i vent d'autre part,
    Eya !
Pir la dance destorbar
    Eya !
Que il est en cremetar
    Eya !
Que on li vuelle amblar
La regine avrillouse.
Allavi, etc.

Le roi y vient d'autre part, Eya ! pour la danse troubler, car il est dans la crainte qu'on ne lui veuille enlever la reine d'avril. Allez, etc.

4.

Mais por neient li vol far
    Eya !
K'ele n'a soig de viellart
    Eya !
Mais d'un legeir bachelar,
    Eya !
Ki ben sache solaçar
La donne savorouse.
Alavi, etc.

Mais elle refuse d'obéir, Eya ! car elle n'a pas souci d'un vieillard, mais d'un gentil bachelier qui sache bien divertir la dame savoureuse. Allez, etc.

5.

Qui dont la véist dançar
    Eya !
Et son gent cors deportar
    Eya !
Ben puist dire de vertar
    Eya !
K'el mont non sie sa par
La regine joiouse.
Alavi, etc.

Qui donc la vit danser, Eya ! et balancer son gentil corps, peut bien dire en vérité que dans le monde il n'y a pas sa pareille, à la reine joyeuse. Allez, etc.

Tous les trouvères et troubadours ont chanté le mois de mai ou le *renouveau*; quel est d'ailleurs le poète qui n'ait rimé quelques strophes en l'honneur du printemps? Observons toutefois que chez les troubadours, ces vénérables ancêtres du lyrisme français, le mois de mai n'était qu'une entrée en matière, une espèce de prélude, car leurs chansons ne sont autre chose, pour la plupart, que des chansons d'amour : l'amour a bien quelque droit de faire parler de lui au mois de mai.

> Le premier jour du mois de may
> S'acquitte vers moi grandement :
> Car ainsi qu'à présent je n'ay
> En mon cueur que deuil et tourment, etc.

Autre :

> Le premier jour du mois de may
> Trouvé me suis en compagnie
> Qui estoit, pour dire le vray,
> De gracieuseté guarnie, etc.

Autre :

> Le premier jour du mois de may
> De tanné et de vert perdu,
> Las ! j'ai trouvé mon cueur vestu
> Dieu scet en quel piteux array !

L'une des plus belles de ces chansons est la suivante, maintes fois citée :

> Le temps a laissié son manteau
> De vent, de froidure et de pluye,
> Et s'est vestu de broderye,
> De soleil raiant, cler et beau.
>
> Il n'y a beste ne oiseau
> Qui en son jargon ne chante ou crye :
> Le temps a laissié son manteau.
>
> Rivière, fontaine et ruisseau
> Portent en livrée jolye
> Goultes d'argent d'orfaverie ;
> Chascun s'abille de nouveau,
> Le temps a laissié son manteau.

L'Allemagne a conservé un cantique de Pâques, déjà populaire au

milieu du XIVᵉ siècle : *Du Lenze gut des Jahres theures Quarte*, etc.
Bon printemps, toi le quartier chéri de l'année, etc. C'est un reste des
Meistersänger ; ce cantique est attribué à *Conrad de Queinfurt*.

Le bel ouvrage de M. de Coussemaker : *L'art harmonique aux* XIIᵉ
et XIIIᵉ *siècles*, renferme plusieurs chansons du printemps : *Summer
is icumen*, canon à six parties, par l'anonyme de Reading ; *Le premier
jor de mai*, etc.

Nous citerons ici quelques chansons de mai, tirées de la collection à
quatre et à cinq parties de *J. Arcadet* et autres, publiée en 1569, par
A. Le Roy et Rob. Ballard.

> Si planteray-je le may,
> Et si ne my feindray mie
> Avant la fin du vert may
> D'un accord avec m'amye.
> S'un tems fortune ennemie
> Empesche notre desir,
> Ceste perte avec usure
> Dessus la gaye verdure,
> Recouvrant en grand plaisir.
>
> (16ᵉ livre.)

> Soyons joyeux sur la plaisant'verdure
> A ce beau may
> Tant doux, tant frez et gay,
> Il resjouist tout cœur qui dueil endure
> Soyons joyeux sur la plaisant'verdure.
>
> (17ᵉ livre.)

> Puisque ce beau moys
> Va nous invitant
> A prendre ses loix
> Nature invitant
> Je dans·ray tant et tant
> Souhz le may
> Que rendray
> Content mon amy tant gay.
>
> (19ᵉ livre.)

Les *Chansons musicales à 4 parties*, imprimées en 1530, par Pierre
Attaignant, nous fournissent la strophe suivante :

> Ce moys de may, ce moys de may
> Ma verte cotte je vestiray ;

2

De bon matin me leveray
Ce joli, joli moys de may,
Un sault en rue je feray
Pour veoir si mon amy verray.
Je lui diray qu'il me descrotte,
Me descrottant le baiseray.

Les deux chansons suivantes, passablement graveleuses toutes deux, sont tirées de la *Fleur de la poésie françoyse*, Paris, Al. Lotrian. 1543.

Du moys de may huictain.

Ce moys de may sur la rousée
Irons jouer pour cueillir vert
Moy et ma mignonne brousée
Regardant la fueille a lenvers,
Mais s'elle crainct le descouvert,
Des genoulx sentant la froidure,
Par moy ils seront recouvers,
Mais je seray la couverture.

Du moys de may.

Ce joly moys de may
Me donne grand esmay
Ne vous vueille desplaire,
Car ung denier je n'ay
Pour avoir le cueur gay
Et aux dames complaire,
Au verd boys m'en iray
Pour veoir si trouveray
Ma dame débonnaire,
A qui demanderay
Jouyssance, et verray
Fleur de poë.
S'il me sera contraire,
O joly moys de may
Si de toy secours ay
Que je croy débonnaire,
De m'amye au corps gay
Je pourray faire essay
Tel qu'il luy pourra plaire.

La chanson de mai suivante se trouve dans le splendide *Manuscrit de Bayeux,* devenu la propriété de la Bibliothèque impériale après la vente de M. Solar. Cette chanson ayant été transcrite vers 1510, et déjà populaire alors, on est en droit de la supposer bien antérieure à cette date.

Ve - cy le may, le jol - ly moys de may ————
Qui nous de - mai - ne. Au jar - din mon pere en -
- tray. —— Ve - cy le may, le jol - ly moys de may.
Troys fleurs d'a - mours y trou - vay En la
bonne es - trai - ne, Ve - cy le may, le jol - ly moys de
may Qui nous de - mai - ne, qui nous de - mai - - - ne.

Vecy le may, le jolly moys de may
    Qui nous demaine :
   Ung chapellet en feray,
— Vecy le may, le jolly moys de may —
    A mamye l'envoyeray
    A la bonne estraine,
Vecy le may, le jolly mois de may
    Qui nous demaine
    Qui nous demaine.

Vecy le may, le jolly moys de may
    Qui nous demaine :
   Si le prent, bon gre luy scay,
— Vecy le may, le jolly moys de may —
    Ou si non, renvoye le moy,
    Ung aultre amy en feray
    A la bonne estraine ;
Vecy le may, le jolly moys de may
    Qui nous demaine
    Qui nous demaine.

Ces mêmes paroles se trouvent notées à 4 voix, avec la musique de Woulu, dans le recueil publié en 1530 par Pierre Attaignant; c'est la

20ᵉ chanson du ıxᵉ livre. Le compositeur s'est servi de la première phrase musicale : *Voici le mai,* de la chanson populaire citée, en la contrepointant à la façon d'alors ; mais il n'a gardé que cela pour l'entrée successive des quatre voix, le reste s'en écarte totalement. La Franche-Comté nous fournit la transformation suivante de l'ancien type :

Voici le mois, le joli mois de mai,
Etrennez notre épousée !
Voici le mois, le jolis mois de mai,
Etrennez notre épousée
En bonne étrenne.
Voici le mois, le joli mois de mai
Qu'on vous amène.

Le *roi* ou plutôt la *reine* du mois de mai se retrouve en Bresse, c'est une jeune fille bien enrubannée, marchant en tête de quelques-unes de ses compagnes, auxquelles se joignent aussi les garçons. Là, comme presque partout, cette fête est un peu dégénérée : ce n'est plus guère qu'une occasion d'aller demander des gâteaux, des œufs, etc.

Nous transcrivons ici les trois jolies chansons bressanes du mois de mai, insérées page 144 dans le vıᵉ volume des *Mémoires de la Société des Antiquaires.* 1824. Toutes les trois se chantent sur le même air.

TRADUCTION.

Le voilà venu le joli mois ;
L'alouette plante le mai :
Le voilà venu le joli mois,
L'alouette le plante.
Le poulet prend sa volée,
Et la volée chante.

Vettia veni lo zouli ma ;	Le voilà venu le joli mois ;
Lou clés de ma méia z'a ;	Les clés de ma mie j'ai ;
Vettia veni lo zouli ma,	Le voilà venu le joli mois,
Z'a lou clés de ma méia,	J'ai les clés de ma mie,
Oua, lou clés de ma méia z'a	Oui, les clés de ma mie j'ai,
Pindu à ma cintera.	Pendues à ma ceinture.
Vettia veni lo zouli ma ;	Le voilà venu le joli mois ;
Laisso mario lo França :	Laissez marier le Français ;
Vettia veni lo zouli ma ;	Le voilà venu le joli mois ;
Lo França se mariye.	Le Français se marie :
Laisso mario lo França	Laissez marier le Français,
Pindin que lo ma passa.	Tandis que le mois passe.
Vettia veni lo zouli ma ;	Le voilà venu le joli mois ;
Allin z'y sarvi lo rà :	Allons servir le roi :
Vettia veni lo zouli ma ;	Le voilà venu le joli mois ;
Allins tui à la gâra :	Allons tous à la guerre,
Allin z'y tui sarvi lo rà,	Allons-y tous servir le roi,
No li serin fédèles.	Nous lui serons fidèles.
Vettia veni lo zouli ma ;	Le voilà venu le joli mois ;
Netron métro lo bon sa :	Notre maître, le bon soir ;
Vettia veni lo zouli ma ;	Le voilà venu le joli mois :
Da bon sa netron métro,	Bonsoir notre maître,
Vo plairet-y de vo levo	Vous plairait-il de vous lever,
Per no bailli à baëre ?	Pour nous donner à boire ?
Vettia veni lo zouli ma ;	Le voilà venu le joli mois ;
La mariée n'a po sa :	La mariée n'a pas soif :
Vettia veni lo zouli ma ;	Le voilà venu le joli mois ;
La mariée est sula,	La mariée est soûle,
No, la mariée n'a po sa,	Non, la mariée n'a pas soif,
All'a biu din la fiula.	Elle a bu dans la fiole.

M. Monnier reproduit cette chanson dans ses *Traditions populaires comparées*, Paris, 1854, moins le 3ᵉ couplet ; sa version diffère quelque peu, quant à l'orthographe en dialecte : la prononciation aurait-elle varié depuis 1824 ? Ce n'est guère probable. M. Monnier voit, dans cette *clé de ma mie* une origine celtique, la Terre, sous le nom de Cybèle ; celle-ci étant représentée une clé à la main, et indiquant, suivant l'abbé Pluche dans son *Histoire du Ciel*, l'ouverture de la moisson.

Il nous paraît plus vraisemblable de croire que cette clé est l'emblème du ménage, quitte à faire remonter cette coutume aux Romains, où l'on présentait les clés de la maison à la nouvelle mariée, au moment où elle en prenait possession. *Maïa*, à ce qu'on prétend, était une des nombreuses appellations de Cybèle ; elle s'appelait aussi *Ops*, repré-

sentée avec une clé à la main : « Isidore escript qu'il fut baillé autres-
fois à l'image de la grand'mère, une clef pour signifier la terre, qui en
temps d'hyver se serre, et cache en soy la semence, qui a esté respan-
due sur elle, laquelle venant à germer, sort dehors puis après au printemps, et pour lors on dit que la terre s'ouvre, comme tesmoigne
Alexandre Napolitain, » (*Les images des dieux des anciens*, par *A. Du
Verdier*. Lyon, 1581, page 250.)

Autre chanson bressane. (Voyez l'air, page 176.)

Vettia veni lo zouli ma ;
Laisso brotonno lo bois :
Vettia veni lo zouli ma,
Lo zouli bois brotonne ;
Faut laisso brotonno lo bois,
Lo bois du zintil-homme.

Le voilà venu le joli mois ;
Laissez bourgeonner le bois :
De grand matin je me lèverai,
Le joli bois bourgeonne,
Il faut laisser bourgeonner le bois,
Le bois du gentil-homme.

Du grin matin mi livera ;
Laisso brotonno lo bois.
Du grin matin mi livera ;
Lo zouli bois brotonne,
Faut laisso brotonno lo bois,
Lo bois du zintil-homme.

De grand matin je me lèverai ;
Laissez bourgeonner le bois.
De grand matin je me lèverai ;
Le joli bois bourgeonne,
Il faut laisser bourgeonner le bois,
Le bois du gentil-homme.

On bio motsé z'amassera ;
Laisso brotonno lo bois :
On bio motsé z'amassera ;
Lo zouli bois brotonne,
Faut laisso brotonno lo bois,
Lo bois du zintil-homme.

Un beau bouquet j'amasserai ;
Laisser bourgeonner le bois ;
Un beau bouquet j'amasserai ;
Le joli bois bourgeonne,
Il faut laisser bourgeonner le bois,
Le bois du gentil-homme.

Avoa ca don lo laïero ?
Laisso brotonno lo bois ;
Avoa ca don lo laïero ?
Lo zouli bo brotonne,
Faut laisso brotonno lo bois,
Lo bois du zintil-homme.

Avec quoi le lieras-tu donc ?
Laissez bourgeonner le bois ?
Avec quoi le lieras-tu donc ?
Le joli bois bourgeonne,
Il faut laisser bourgeonner le bois,
Le bois du gentilhomme.

On riban na se ze l'ava ;
Laisso brotonno lo bois,
On riban na se ze l'ava :
Lo zouli bois brotonne,
Faut laisso brotonno lo bois,
Lo bois du zintil-homme.

Un ruban noir si je l'avais ;
Laissez bourgeonner le bois :
Un ruban noir si je l'avais.
Le joli bois bourgeonne,
Il faut laisser bourgeonner le bois,
Le bois du gentil-homme.

Se ze l'a pas l'azettera ;
Laisso brotonno lo bois ;
Se ze l'a pas l'azettera ;
Lo zouli bois brotonne,
Faut laisso brotonno lo bois,
Lo bois du zintil-homme.

Si je ne l'ai pas, je l'achèterai ;
Laissez bourgeonner le bois ;
Si je ne l'ai pas, je l'achèterai ;
Le joli bois bourgeonne,
Il faut laisser bourgeonner le bois,
Le bois du gentil-homme.

O don bin ze l'improntera ;
Laïsso brotonno lo bois :
O don bin ze l'improntera ;
Lo zouli bois brotonne,
Faut laïsso brotonno lo bois,
Le bois du zintil-homme.

Ou bien je l'emprunterai ;
Laissez bourgeonner le bois ;
Ou bien je l'emprunterai.
Le joli bois bourgeonne,
Il faut laisser bourgeonner le bois,
Le bois du gentil-homme.

Troisième chanson bressane :

Vettia veni lo zouli ma,
Lou feilles mariyeran ;
Vettia veni lo zouli ma :
No mariran lou feilles,
Loù feilles no faut mario,
Car alles sin zouliyes.

Le voilà venu le joli mois ;
Les filles nous marierons ;
Le voilà venu le joli mois :
Nous marierons les filles,
Les filles il nous faut marier,
Car elles sont jolies.

Din mon zardin quin le vindra,
Lou feilles mariyeran ;
Din mon zardin quin le vindra,
No mariran lou feilles,
Lou feilles no faut mario,
Car alles sin zouliyes.

Dans mon jardin quand elle viendra ;
Les filles nous marierons,
Dans mon jardin quand elle viendra :
Nous marierons les filles,
Les filles il nous faut marier,
Car elles sont jolies.

On bio motsé li baillera ;
Lou feilles mariyeran.
On bio motsé li baillera ;
No mariran lou feilles.
Lou feilles no faut mario,
Car alles sin zouliyes.

Un joli bouquet je lui donnerai ;
Les filles nous marierons.
Un joli bouquet je lui donnerai ;
Nous marierons les filles,
Les filles il nous faut marier,
Car elles sont jolies.

A cui que te lo baillero ?
Lou feilles mariyeran ;
A cui que te lo baillero ?
No mariran lou feilles.
Lou feilles no faut mario,
Car alles sin zoulyes.

A qui le donneras-tu ?
Les filles nous marierons,
A qui le donneras-tu ?
Nous marierons les filles,
Les filles il nous faut marier,
Car elles sont jolies.

A ma méia se ze l'ava,
Lou feilles mariyeran ;
A ma méia se ze l'ava,
No mariran lou feilles,
Lou feilles no faut mario,
Car alles sin zouliyes.

A ma mie si je l'avais ;
Les filles nous marierons,
A ma mie si je l'avais.
Nous marierons les filles,
Les filles il nous faut marier,
Car elles sont jolies.

De qué flanc te l'attassero ?
Lou feilles mariyeran,
De qué flanc te l'attassero ?
No mariran lou feilles,
Lou feilles no faut mario,
Car alles sin zouliyes.

De quel côté l'attacheras-tu ?
Les filles nous marierons :
De quel côté l'attacheras-tu ?
Nous marierons les filles,
Les filles il nous faut marier,
Car elles sont jolies.

Y est du gâsse ò bin du dra :
Lou feilles mariyenan,
Y est du gâsse o bin du dra.
No mariran lou feilles,
Lou feilles no faut mario,
Car alles sin zouliyes.

C'est du gauche ou bien du droit ;
Les filles nous marierons :
C'est du gauche ou bien du droit
Nous marierons les filles,
Les filles il nous faut marier,
Car elles sont jolies.

Le Dauphiné nous fournit une jolie chanson de mai en dialecte ; elle est connue dans une grande partie de la Provence :

Vé — ci lou djo — li mè de mai, Què lous ga - lans plan - tan lou mai ; N'en plan - ta - rai iun à ma mï - o, Sa - ra plus hiaut què sa tio - li - no ; N'en plan-ta - rai iun à ma mï - o, Sa - ra plus hiaut qué sa tio - li - no.

TRADUCTION.

Voici le joli mois de mai,
Que les amoureux plantent le mai :
J'en planterai un à ma mie,
Il sera plus haut que son toit.

Li boutarèn per lou garda
Oun soudar dé tchaqué cotà ;
Qui boutaren per santineïlo ?
Saro lou galan dè la bello.

J'y mettrai pour le garder
Un soldat de chaque côté ;
Qui mettra-t on comme sentinelle ?
Ce sera le galant de la belle.

Ah ! què mé fatchanò per tu
Si ta mïo l'avéo vègu :
Ta mïo n'amo quoquès autrès,
Et sé mouquarò dé nous autrès.

A quoi te servira
Quand ta mie l'aura vu ?
Ta mie en aime d'autres,
Et se moquera de nous.

Mi savon ben cé qué faré ;
Mi m'en irai, m'eñbarquarái ;
Mi m'en irai dret à Marseïllo,
Et n'en pensarai plus à iello.

Je sais bien ce que je ferai,
Je m'en irai, je m'embarquerai ;
Je m'en irai droit à Marseille,
Et je ne penserai plus à elle.

Quand dé Marseillo révendré	—Quand de Marseille vous reviendrez
Devant sa porte passaré ;	Devant sa porte passerez,
Démandarai à sa vésino :	Demanderez à sa voisine :
Coumé sé porto Cathérino ?	Comment se porte Catherine ?
« Cathérino sé porto bien,	—Catherine se porte bien,
Et l'on marià l'y o bien longten,	Elle est mariée il y a bien longtemps
Aub' un moussieu dé la campagno,	A un monsieur de la campagne,
Qué li fait bien fairé la damo.	Qui lui laisse bien faire la dame.
N'en porto lou tchapet borda	Il porte le chapeau bordé
Et l'épéio à son cotà ;	Et l'épée à son côté ;
La noriro sans ren fairé	Il la nourrit sans qu'elle fasse rien,
Què non pas ti mauvais cardairé.	Ce ne serait pas ainsi avec toi, mau-
	[vais cardeur de laine.

Cette chanson se dit ordinairement à la *fête des laboureurs*, la nuit du 30 avril, aux environs de Valence.

Un historien provençal (Bouche), remarque à son tour que cette fête de *Mayo* doit être un reste des fêtes de Vénus ou de la déesse Flore. Chez les Romains, cette fête existait sous le nom de *Majuma* ; négligée pendant un certain temps, elle fut rétablie par une loi des empereurs Arcadius et Honorius.

M. Damase Hinard, dans ses *Chants populaires de la Provence*, donne quelques chansons du mois de mai, comme :

La roso de mai	La rose de mai
Es pànca 'spandido,	S'est épanouie,
A qu la dounarai ?	A qui la donnerai-je ?
A Thereso ma mio.	A Thérèse, ma mie.
Point de roso,	Point de rose,
Point de flours,	Point de fleurs,
Belo filho reviratz-vous.	Belle fille, retirez-vous.

Ou bien encore :

Quand ven lou mes de mai	Quand vient le mois de mai,
Les toundeires venoun,	Les tondeurs viennent,
Toundoun la nuects, toundoun lou jour.	Ils tondent la nuit, ils tondent le jour,
Pendant un mes, et quinze jours.	Pendant un mois, et quinze jours,
Et tres semanos,	Et trois semaines,
Toundoun la lano	Ils tondent la laine
D'aqueles blancs moutons.	De ces blancs moutons.

Quant à cette dernière, les Provençaux ne l'auraient-ils pas empruntée à *Gautier Garguille* ? L'une de ses chansons commence par la strophe suivante :

Il nous faut avoir des tondeurs
En nos maisons,
C'est pour tondre la laine à nos moutons.
Tondez la nuict, tondez le jour ;
Tondez-les tous les quinze jours,
Et tous les trois semaines ;
Et puis les compagnons viendront
Qui ton, qui ton, qui tonderont
Qui tonderont la laine.

Dans la chanson provençale citée, le mois de mai n'est qu'une entrée en matière ; après les tondeurs viennent les laveurs, les cardeurs, les marchands, les fabricants, les tailleurs, les chalands, etc., et chacun de ces spécialistes s'y trouve pendant *un mois et quinze jours, et trois semaines,* absolument comme dans la chanson de Gautier Garguille.

La Statistique des Bouches-du-Rhône fait remonter l'origine de ces fêtes du solstice d'été en Provence aux Maures ; Fauriel, dans son *Histoire de la poésie provençale,* l'attribue aux Phocéens.

La chanson suivante est empruntée au *Romancero de Champagne,* de M. Tarbé, vol. I, p. 53. Il est à regretter que cette publication ne soit pas accompagnée des airs, une chanson populaire sans l'air n'est que la moitié d'un tout.

Voici le mois de mai,
Lon la la, tire lire,
Voici le mois de mai,
Que donnerai-je à ma mie ? (*bis*)

Nous lui plant'rons un mai,
Lon la la, tire lire,
Nous lui plant'rons un mai
Devant sa porte jolie. (*bis*)

Tout en plantant le mai,
Lon la la, tire lire,
Tout en plantant le mai,
Nous demand'rons la fille. (*bis*)

Nous demand'rons la jeune,
Lon la la, tire lire,
Nous demand'rons la jeune,
Car c'est la plus jolie. (*bis*)

La vieill' qui monte en haut,
Lon la la, tire lire,
La vieill' qui monte en haut,
Qui pleure et qui soupire. (*bis*)

Son père, qui l'entend,
Lon la la, tire lire,
Son père qui l'entend :
— Que vous faut-il, ma fille ? (*bis*)

— Ma sœur a des amants,
Lon la la, tire lire,
Ma sœur a des amants,
Et moi je restrai fille. (*bis*)

Consolez-vous, ma fille,
Lon la la, tire lire,
Consolez-vous, ma fille,
Nous vous marierons riche. (*bis*)

A un vendeur d'oignons,
Lon la la, tire lire,
A un vendeur d'oignons
Et marchand de pommes cuites. (*bis*)

S'en va parmi la ville,
Lon la la, tire lire,
S'en va parmi la ville,
En criant aux pommes cuites. (*bis*)

A quatre pour un sol,
Lon la la, tire lire,
A quatre pour un sol,
C'est d' la bonn' marchandise.

Dans quelques villages de la Lorraine, les jeunes filles se réunissent le premier dimanche de mai, et, conduisant avec elles une enfant habillée de blanc et couverte de rubans et de fleurs, elles vont de maison en maison, où elles chantent une chanson à laquelle on a donné le nom de *Trimâzu*. Elles font une quête, et on leur donne, soit de l'argent, soit des œufs, soit du chanvre, etc. A chaque refrain de la chanson, deux personnes, qui tiennent l'enfant par la main, le font sauter en chantant. Cette espèce de cérémonie champêtre est destinée à annoncer et à célébrer le retour du printemps (1).

Lo tri mâ ça.
C'est le mai, le joli mai,
C'est le mai, le *tri mâ ça.*
Bonne dame de céans
Faites du bien pour Dieu le Grand,
Et des œufs de vos gelines,
De l'argent de votre bourse,
C'est le mai, le joli mai,
Le joli *tri mâ çà.*

(1) Poésies populaires de la Lorraine, Nancy, 1854.

En revenant de voir vos blés
Nous les avons trouvé sarclés,
Le doux Jésus en soit béni ;
De vos vignes et de vos blés
Au *trimâça :*
C'est le mai, le joli mai,
Le joli *tri mâ ça.*

Quand votre mari reviendra des champs,
Priez le Bon Dieu qu'il le renvoye
Ni plus ni moins content,
Voyant que les blés se portent bien ;
Au *tri mâ ça :*
C'est le mai, le joli mai,
Le joli *tri mâ ça.*

Nous n'essaierons pas de donner l'explication de *Trimâça* ou *Trimâzo*, les Lorrains ne nous ayant pas encore renseigné eux-mêmes sur l'étymologie de ce mot dans leurs publications. Oberlin, dans son *Essai sur le patois lorrain*, 1775, n'en parle pas ; S.-F. Fallot, dans ses *Recherches sur le patois de Franche-Comté, de Lorraine et d'Alsace*, 1828, n'en dit mot ; le petit glossaire des poésies de la Lorraine ne renferme pas ce mot, et M. Jaclot de Saulny, dans son *Vocabulaire patois du pays Messin*, met tout bonnement à la suite du mot *Trimazos* : « Chansons et danse que les jeunes filles font le premier dimanche de mai. » Cela ne voudrait-il pas dire : c'est le trois mai : *tri ma ço?* Pour cela, il faudrait supposer qu'en Lorraine les fêtes du printemps se célébraient le trois mai. Nous avons entendu donner une autre explication : *tri mazo,* trois jeunes filles, en admettant que d'habitude ces chansons soient dites par trois jeunes filles.

On appelle *trémois* les petits blés qui ne mettent que trois mois à pousser ; ce mot ne laisse pas que d'avoir un air de famille avec trimazos.

Le mot *trémousser* vient de *tremere,* trembler, et dans son acception vulgaire, *se trémousser* pourrait également se rapporter à des jeunes filles qui dansent, les *trimazettes* ou *trimouzettes*, comme on dit en Champagne, car cette province a aussi ses chansons de trimouzettes :

Trimouzette ! belle femme de céans,
Nous revenons d'avas les champs ;
Nous 'ous trouvé les blés si grands,
La blanche épine en florissant,
Son fils Jésus, belle femme de céans.

Si nous venons devant votre porte,
C'est pas pour boire ni pour manger :

C'est pour aider à avoir un cierge,
Pour y lumer la Sainte Vierge,
Son fils Jésus, bel e femme de céans.

Un petit grain de votre farine,
Ne nous faites pas tant demander ;
Notre Dame est bonne assez
Pour vous bien récompenser,
Son fils Jésus, belle femme de céans.

Les Trimazots.

No v'là au temps des trimazots,
Qui vont chanter pé monts, pé vaux !
Volea savoué tot plein de novelles
Sur les guechons (garçons). sur les bachelles (jeunes filles)?
O trimazos !
Ç'at le maye
O mi maye :
Ç'at le joli mois de maye.
Ç'at le trimazots !

Tarbé, Romencero de Champagne.

Une autre chanson du mois de mai, en Lorraine, est citée par Jaclot le Saulny. Celle-ci est une chanson satyrique ; elle l'est même tellement que nous nous abstiendrons de traduire certains couplets.

O trimazos !
C'est le mai, c'est le mai,
C'est le joli mois de mai.
C'est le trimazos.

Nous revenons des champs,
Nous avons trouvé les blés si grands ;
Les avoines ne sont pas si grandes,
Les aubépines sont florissantes.
O trimazos !

Ce sont les filles de Saunin,
Qui se sont levées de bon matin,
Pour mettre du lard rance au pot,
Et pour faire voir qu'elles sont gentilles,
O trimazos !

Ce sont les filles de Rozieulles
Qui s'en vont cueillir des cornouilles,
Mais les cornouilles sont pourries,
Elles s'en reviennent au village bien attrapées.
O trimazos !

(1, *les passe-temps lorrains*, Metz, 1854.

C'est le maire de Plièteville.
Qui donne la chasse aux belles filles,
Avec un vieux balai,
On dirait que c'est pour les détruire.
    O trimazos !

Ce sont les vilaines filles de Woippy
Qui ne font jamais leur lit
Que les jours de fête, une fois par an,
Et qui ne balayent jamais leur chambre.
    O trimazos !

. . . .
. . . .

Mesdames, nous vous remercions,
Ce n'est pas pour nous que nous chantons,
C'est pour la Vierge et son enfant,
Qui prie pour nous au firmament.
    O trimazos !

    C'est le mai, c'est le mai,
    C'est le joli mois de mai,
    C'est le trimazos.

Ce dernier couplet se rapporterait plutôt à un noël.
Les poésies populaires de la Lorraine nous fournissent encore la chanson de mai suivante :

    Un beau monsieur nous avons trouvé,
    Dieu lui donne joie et santé,
    Ayez le mai, le joli mai !

    Que Dieu lui donne joie et santé,
    Et une amie à son gré :
    Ayez le mai, le joli mai !

    Donnez-nous votre chapeau,
    Un petit bouquet nous y mettrons ;
    Ayez le mai, le joli mai !

    Mon beau monsieur, à votre gré,
    Aujourd'hui vous nous donnerez :
    Aye le mai, le joli mai !

    Ce sera pour la Vierge Marie,
    Si bonne et si chérie :
    Ayez le mai, le joli mai !

Comme nous l'avons déjà observé, les chansons de mai de nos jours sont devenues des chansons de mendiants : nous laissons le mot, quelque masqué qu'il puisse être par les deux pauvres bouts-rimés :

    Ce sera pour la Vierge Marie
    Si bonne et si chérie.

V. Fournel (1) cite les deux strophes suivantes à propos des chansons
e mai de la Lorraine :

> En allant promener aux champs,
> J'y ai trouvé les blés si grands,
> Les aubépines florissant.
> En vérité, en vérité,
> C'est le mois, le joli mois,
> C'est le joli mois de mai !

> Dieu veuill' garder les vins, les blés,
> Les jeunes filles à marier,
> Les jeun' garçons pour les aimer.
> En vérité, en vérité,
> C'est le mois, le joli mois,
> C'est le joli mois de mai.

Ce *en vérité, en vérité*, remplace bien gauchement le mot *trimâzo*.
ette chanson est incomplète ; voici deux strophes qui lui appartien-
ent encore :

> J'prions pour qu'il soit bien content,
> A trouvé ses blés bien portants.
> O trimàzo, etc.

(Dernière strophe)

> Bonn' dame qui logez céans,
> Pour vous nous prions Dieu le Grand,
> Donnez-nous des œufs ou de l'argent.
> O trimàzo, etc.

Suit une jolie chanson de mai du Poitou, empruntée à l'ouvrage en
leux volumes de M. J. Bujeaud, *Chants et chansons populaires des
rovinces de l'ouest* :

Poco moderato.

Un jour de mai, —— Ça m'y prend une en-
-vi - e D'plan-ter un mai —— A la porte à ma mi - e :
Fondeur, dormez - vous ? Jo - li fon-deur, —— ré-veil-lez - vous.

(1) *Ce qu'on voit dans les rues de Paris*, 1858.

« Plantez pas là, il me serait ravie. »
Son père en haut qu'entendait tous ces dires :
Fondeur, etc.

« Beau marinier, tu n'auras pas ma fille,
N'as pas vaillant sa robe et sa chemise » :
Fondeur, etc.

« J'ai bien vaillant sa robe et sa chemise,
J'ai trois cents bœufs, là-bas dans ma prairie :
Fondeur, atc.

« Quatre cents mul's dedans mon écurie,
Cinq cents moutons dedans ma bergerie :
Fondeur, etc.

« Trois beaux vaisseaux dessus la mer jolie,
Un chargé d'or, l'autre d'argenterie :
Fondeur, etc.

« L'autre est chargé de trois bell's joli's filles,
Un' qu'est ma sœur et l'autre ma cousine ·
Fondeur, etc.

« L'autre qui n' m'est rien, je crois qu'ell' s'ra ma mie,
C'est bien cela que les mariniers disent :
Fondeur, etc.

Ah! si j'étais petite alouette grise,
Je m'en irais sur la barque à ma mie : ·
Fondeur, etc.

Les amoureux offrent des bouquets à leur mie, en tapinois, ce sont des fleurs parlantes : réséda, souci, myrthe, myosotis, lierre, etc. On voit que les amoureux du Poitou possèdent à fond leur dictionnaire du *langage des fleurs*. Par exemple, une fillette qui aura failli, trouvera un énorme chou (les enfants y poussent) ; une coquette verra une cardonette se pavaner à sa fenêtre, puis des soleils, des chardons, etc.

La chanson de mai qui va suivre a été recueillie également en Poitou ; elle se trouve, avec quelques variantes, dans la brochure de M. Ampère : *Instructions relatives aux poésies populaires de la France*. La version de M. Ampère vient de Saint-Brieuc, et dans le vers final des deux premières strophes, on promet des *bagues d'or* et des *diamants*, générosité qui ne se remarque point dans notre version du Poitou.

Andantino,

La maî – tress' de cé --ans, Vous qui a - vez —— des fil-les, Fai-tes-les se le-ver, Promptement qu'ell's s ha – bil-lent ; Vers ell's nous venons à ce ma-tin frais, Chan - ter la v'nu'du mois de mai.

Entre vous, braves gens,
Qu'avez des bœufs, des vaches,
Levez-vous d' bon matin,
Allez aux pâturages ;
Ell's vous donn'ront du beurre, aussi du lait,
A l'arrivée du mois de mai.

Entre vous jeunes fill's,
Qu'avez de la volaille,
Mettez la main au nid,
N'apportez pas la paille ;
Apportez-nous en dix-huit ou bien vingt,
Mais n'apportez pas les couvains.

Si voulez nous donner
Ne nous fait's pas attendre,
Nous avons encor loin :
Le point du jour avance ;
Donnez-nous vit' des œufs ou de l'argent,
Et renvoyez-nous promptement.

Si n'voulez rien donner,
Donnez-nous la servante ;
Le porteur de panier
Est tout prêt à la prendre ;
Il n'en a point, il en voudrait pourtant
A l'arrivé' du doux printemps.

Si vous donnez des œufs,
Nous prierons pour la poule ;
Si vous donnez de l'argent,
Nous prierons pour la bourse ;
Nous prierons Dieu, aussi Saint-Nicolas,
Que la poule mange le renard.

En vous remerciant :
Le présent est honnête ;

3

Retournez vous coucher,
Barrez port's et fenêtres;
Pour nous, j'allons toute la nuit, chantant
A l'arrivé' du doux printemps.

M. de Coussemaker, dans ses *Chants populaires des Flamands de France*, donne une chanson de mai; elle est rangée parmi les chansons morales et mystiques; en voici la première strophe :

De zoete tyden
Van het meysaizoen
Gaen ons verbliden
Door hun jeug dig groen.
Den mey van deugden
En van heyligheyd
Brengt meerder vreugden
Tot ons zœligheyd.

Le doux mois de mai va nous réjouir par sa tendre verdure. Le mai des vertus et de la sainteté nous apporte plus de bonheur et de sanctification.

L'air de cette chanson est tout gracieux; on verra sans peine que notre texte français n'est point une traduction du texte flamand.

Andantino.

Ré - veil - lez - vous à ce frais ma - tin jour; Le doux prin-temps s'en vient a - vec l'a - mour. Des fleurs é - closes Sont pour vous en bas, Bouquets de ro ses, Bouquets de li - las.

Voici le jour, c'est trop longtemps dormir...
Réveillez-vous, le mai s'en va fleurir!
Pour vous, charmante,
Nos cœurs sont ouverts,
L'amour y chante
Ses premiers concerts.

J.-F. Willems, *Recueil des anciennes chansons flamandes* (1) (il s'agit ici des Flamands de la Belgique), observe que la coutume de planter des mais n'est pas encore oubliée parmi le peuple, et qu'elle y est même toute vivace.

(1) Gand, 1848, in-8.

Cette collection de Willems renferme deux chansons de mai ; l'une ébute ainsi :

> Laet ons,
> Laet ons de mey wat löven,
> Met love heeft hy bestoven
> Die hoven,
> Noort en de suut :
> Ghelÿc die rosen die staen in cruut,
> Zo neemt hy uut.

Voici la seconde :

Andantino,

Schoon lief hoe ligt gy hier, en slaept In u - wen eers - ten droo - me? Wil ops-taen en den mei ont - faên, Hy staet hier al zoo schoo - ne.

Les Français du Canada ont aussi leurs chansons de mai :

> Derrière chez nous y a-t-une pomme :
> Voici le joli mois de mai,
> Qui fleurit quand y' ordonne ;
> Voici le joli mois qu'il donne,
> Voici le joli mois de mai (1).

Nous rappelerons ici que, sous François Ier, une expédition française, commandée par Jean Varazain, aborda au Canada, et en prit possession au nom du roi de France.

La fondation de Québec date de 1608, elle est due à des Français, et, quoique depuis le traité de 1763 le Canada appartienne à l'Angleterre, la colonie française y existe encore, elle est même assez nombreuse. Il ne faut donc pas s'étonner de retrouver dans ce pays lointain beaucoup de nos airs populaires ; il y en a d'autres qui ont pris naissance au Canada même, toujours en langue française. La chanson de mai suivante est tirée du recueil publié à Québec par M. Ernest Gagnon (2) :

---

(1) *Recueil de littérature canadienne*, publié par J. Huston. Montréal, 1848-50, quatre vol. in-8.

(2) *Chansons populaires du Canada*, recueillies et publiées avec annotations par E. Gagnon, Québec, 1865 ; in-8°.

Un poco Allegretto.

Le pre - mier jour de mai Que bar - rai - je à ma mie? Le premier jour de mai Que bar-rai-je à ma mie? Deux tour-te - rel - les, u - ne per - dri - o - le Qui vient, qui va, qui vo - le, U - ne per - dri - o - le Qui vo - le dans ces bois.

Les deux mesures surmontées d'un pointillé ne se disent qu'à la seconde strophe. Les couplets de cette chanson ne varient qu'à ces mêmes deux mesures qu'on répète autant de fois que l'exigent les nouveaux versicules ajoutés :

2 Deux tourterelles.....
3 Trois rats des bois.....
4 Quatr' canards volant en l'aire.....
5 Cinq lapins grattant la terre.....
6 Six chiens courant.....

7 Sept vach's à lait......
8 Huit moutons avec leur laine.....
9 Neuf chevaux avec leurs selles.....
10 Dix veaux bien gras.....

III.

Fêtes du mois de Juin. — Feux de la Saint-Jean.

A l'époque païenne la plus reculée, celle où l'homme, ayant perdu l'idée de son créateur, se trouva livré à ses instincts matériels, il n'est point de manifestation de la nature qui ait dû frapper plus puissamment son imagination que celle du soleil :

Lumière et chaleur, images de la vie ; en opposition avec le froid et l'obscurité, images de la mort.

Les fêtes du soleil célébrées au solstice d'été, époque où l'astre-roi est le plus ardent, n'ont donc rien d'étonnant.

L'opinion que les fêtes païennes du mois de juin ont été transformées en celles de la Saint-Jean par le christianisme se trouve confirmée par les nombreuses et rigoureuses défenses des conciles, condamnant les anciens rites.

D'après M. de la Villemarqué (1), la fête du mois de juin est une des lus anciennes de la Bretagne. Elle existe encore en Cornouailles, et c'est près d'un dolmen qu'on danse et que les jeunes filles viennent déposer leurs bouquets. Un concile tenu à Nantes, en 658, interdit également ces offrandes. Le patron de la fête est un jeune homme qui porte un nœud de rubans bleu, vert et blanc à sa boutonnière ; ce sont les anciennes couleurs emblématiques des druides ; il choisit sa danseuse et ouvre le bal. A la nuit tombante, on s'en retourne par les bois et les prés, en se tenant par le petit doigt, et en répétant la chanson suivante :

Er - ru ann am - zer ne - ve en - dro gand
miz e - ven, Er - ru ann am-zer ne - ve en - dro gand
miz e - ven, Ilag e teu ann dud iaou-ank ta la ri
ta - la - ra, Ilag e teu ann dud iaou - ank da va - lé peb ta-chen.

TRADUCTION :

Voici le temps nouveau de retour avec le mois de juin, le temps où les jeunes gens s'en vont partout se promener ensemble. — Les fleurs sont ouvertes aujourd'hui dans les prés, et les cœurs des jeunes gens aussi, en tous les coins du monde. — Voici que les aubépines fleurissent et répandent une douce odeur, et que les petits oiseaux s'accouplent. — Venez avec moi, douce belle, vous promener dans les bois ; nous entendrons le vent frémir dans les feuilles..... Et l'eau du ruisseau murmurer entre les cailloux, et les oiseaux chanter gaiement à la cime des arbres..... chanter chacun sa chansonnette, chacun à sa manière ; ils charmeront notre esprit et réjouiront notre cœur.

Les feux de la Saint-Jean existent aussi dans certaines parties de la Bretagne. On s'y dispute avec ardeur la couronne de fleurs qui domine le feu, et l'on conserve un des tisons du foyer ; ce tison, placé près du lit entre un buis bénit et un morceau de gâteau des Rois, préserve du tonnerre, de l'incendie et de la grêle.

(1) *Chants populaires de la Bretagne*, 7º édit., 1867, p. 430.

Dans la plupart des provinces de la France, le jour de la Saint-Jean est mis à profit par les jeunes garçons pour aller demander aux habitants des fermes et des villages des œufs (1) ou des galettes, sous prétexte de recueillir des matériaux pour le feu de la Saint-Jean. Dans quelques provinces de l'Est, on chante :

Nous venons
Avec des piques, avec des sabres
Pour atteindre les œufs.
Les fleurs sont rouges de feu,
Le vin pétille hors du sein de la terre.
Donnez-nous des œufs
Pour le feu de la Saint-Jean ;
L'avoine est bien chère,
De l'avoine, de l'avoine,
Donnez-nous une bûche.

A cette chanson hétéroclite, nous préférons la suivante :

Les chên's, aussi les buissons
Ont de nouvell's chansons,
Les feuill's sont devenu's roses,
Nous chantons à plein' voix,
Donnez-nous quelque chose :
Du bois ! du bois !

En Allemagne, comme en France, on allumait le jour de la Saint-Jean, dans les églises catholiques, des cierges bénits avec lesquels on se promenait, soit dans les villes, soit autour des champs. Dans certaines localités, ces cierges étaient entourés de fleurs ou bien couverts de peintures.

D'autres fois on habillait un petit garçon ou une petite fille, en les attifant de rubans, une couronne de fleurs sur la tête ; on les promenait ainsi : c'était l'*ange de la Saint-Jean* ou le *petit saint Jean*, expression qui s'est conservée chez nous en France pour désigner un bel enfant, et se dit maintenant le plus souvent sous forme de raillerie. Il y a des villages où les garçons et même les filles sautent par-dessus le feu de la Saint-Jean, et ces tours de force, quand ils réussissent, promettent un complet bonheur à celui ou à celle qui l'a accompli. Dans les Pyrénées, le feu de la Saint-Jean s'appelle le *Haille,* et il faut le franchir neuf fois pour s'assurer de la prospérité.

Au moyen âge, certaines abbayes prétendaient avoir le privilége ex-

---

(1) Chez les anciens Germains, les œufs et les porcs étaient les emblèmes de la fécondité. L'œuf, qui par la chaleur s'éveille à la vie, est l'image de la terre qui se féconde au printemps.

clusif d'allumer et de bénir les feux de la Saint-Jean. Et pourtant, le concile de Constantinople, *in trullo canon* 65, censurait déjà les chrétiens qui allumaient des feux à la nouvelle lune devant leurs maisons et sautaient par dessus.

Le livre curieux sur les *Énervés de Jumièges*, par M. Langlois (Rouen, 1838), nous fournit quelques détails curieux.

Le 23 juin, veille de la saint Jean-Baptiste, une confrérie de ce nom va prendre au hameau de Conihout le nouveau maître de cette pieuse association ; ce maître s'appelle le *Loup-Vert*. On chante l'hymne de Saint-Jean, puis, au bruit des fusillades, on va chercher le curé, qui conduit le cortège à l'église, où l'on chante Vêpres. On danse jusqu'au soir devant la maison du *Loup-Vert*. Alors s'allume le bûcher de la Saint-Jean par un jeune garçon et une jeune fille parés de fleurs. Après le *Te Deum*, on entonne une parodie de l'hymne *ut queant laxis ;* durant ce temps, le loup en costume et les confrères de même, se tenant tous par la main, tâchent d'attraper le loup désigné pour l'année suivante.

Les cantiques sont suivis de la jolie chanson profane que voici :

Que nos amoureux
Vont à l'assemblée ;
Le mien y sera,
J'en suis assurée :
Marchons, joli cœur,
La lune est levée.

Le mien y sera,
J'en suis assurée,
Il m'a apporté
Ceinture dorée :
Marchons joli cœur,
La lune est levée.

Il m'a apporté
Ceinture dorée ;
Je voudrais, ma foi,
Qu'elle fût brûlée :
Marchons, joli cœur,
La lune est levée.

Je voudrais, ma foi,
Qu'elle fût brûlée,
Et moi dans mon lit,
Avec lui couchée :
Marchons, joli cœur,
La lune est levée.

Et moi dans mon lit
Avec lui couchée,
De l'attendre ici
Je suis ennuyée :
Marchons, joli cœur.
La lune est levée.

On fait un repas bien arrosé, auquel succèdent les chants bachiques et les danses villageoises. M. Deshayes, dans son *Histoire de l'abbaye royale de Jumièges*, reproduit la narration de M. Langlois, mais en la développant.

Cette même chanson existe en Poitou, sauf quelques variantes, dont quelques unes assez importantes ; M. Jérôme Bujeaud la donne dans ses *Chants et chansons populaires des provinces de l'Ouest* : l'air n'est plus le même, et ne vaut pas, à notre avis, celui de Jumièges.

La coutume des *feux de la Saint-Jean* est répandue dans toute la France ; en Provence, le corps municipal avec le curé se rendent sur la place pour mettre le feu au bûcher, puis ils en font trois fois le tour, suivis par la foule des assistants ; les cloches sonnent à pleine volée et le tout finit comme finissent la plupart des fêtes provençales, par une *falandoule*, dansée autour du bûcher en cette occasion. A la Ciotat, un coup de canon donne le signal pour allumer le feu ; et, pendant qu'il brûle, les jeunes gens se jettent à la mer, et s'aspergent à qui mieux mieux, pour figurer le baptême du Jourdain. A Vitrolles on va prendre un bain dans l'étang de Berre, afin de se préserver de la fièvre pendant l'année. Aux Saintes-Maries, ce sont les chevaux qu'on fait baigner pour qu'ils ne soient pas atteints de la gale.

A Aix, on donnait jadis au feu de la Saint-Jean une grande solennité, et le conseil municipal nommait un *Roi* qui présidait les divers jeux usités dans cette circonstance. Le principal amusement était appelé *bravade*, et avait été institué vers l'époque de la mort de Louis IX. On portait dans un champ près de la ville, un gros oiseau, que l'on tirait avec des flèches : le vainqueur était proclamé roi de la fête, et c'est lui qui mettait le feu au bûcher (c'était le *Loup-Vert*, cité tout à l'heure). Ce roi de la Saint-Jean avait en Provence certains priviléges, comme d'assister à la messe du commandeur de Malte le jour de la Saint-Jean ; puis la chasse lui était permise ; il était en outre exempté du logement des gens de guerre, du droit de piquet et de celui de la taille; enfin il pouvait se parer de la médaille qu'on lui avait décernée.

A Marseille, le jour de la Saint-Jean, la confrérie des artisans élisait un roi de la *badache* (double hache) et cette cérémonie était annoncée la veille au son des cloches et des tambourins, et par un grand feu de joie.

Dans les communes qui avoisinent les montagnes, on va gravir celles-ci le jour de la Saint-Jean, pour assister au lever du soleil. Son apparition est accueillie par des cris de joie et au son des cornets qui retentissent dans les vallées, on met aussi en branle toutes les cloches (1).

Anciennement les magistrats de la ville de Paris faisaient dresser la veille de la Saint-Jean un immense bûcher, place de la Grève; le roi lui-même y mettait le feu, entouré de toute sa cour. Ce qu'il y avait de plus bizarre dans cette vieille coutume, qui remonte au moins à Louis XI, c'est qu'un panier rempli de chats et de renards était attaché au haut d'un poteau, et ces pauvres animaux étaient brûlés vifs pour le plaisir de Sa Majesté, à qui on servait ensuite une collation à l'Hôtel de Ville.

On lit dans un registre du XVIᵉ siècle : « Payé à Lucas Pommereux, l'un des commissaires des quais de la ville de Paris, cent sous parisis, pour avoir fourny durant trois années, finies à la Saint Jean 1573, tous les chats qu'il fallait audit feu comme de coutume, et même pour avoir fourny, il y a un an, où le roy y assista, un renard, pour donner plaisir à Sa Majesté, et pour avoir fourny un grand sac de toile où estoient lesdits chats (2). »

En Lorraine, on renfermait des chats blancs dans des cages en osier qu'on plaçait sur un arbre audessus du feu de la Saint-Jean. M. Richard dans ses *Traditions populaires de la Loraine* observe que ce supplice se justifiait dans l'opinion populaire par l'idée généralement reçue, que les chats devenus vieux allaient au sabbat.

A Paris, la pratique de cette rôtisserie de chats ne fut abolie qu'à la révolution. La France, du reste, ne l'avait pas inventée, car nous lisons dans les *coutumes et traditions des provinces de France de M. A. de*

---

(1) *Coutumes, etc.*, de A. de Nore, déjà cité, p. 17 et suivantes.
(2) D'anciens chroniqueurs font même remonter cette coutume (à Paris) jusque sous Charles VI, où la reine Isabeau de Bavière assista à l'un de ces feux de la Saint-Jean. Cette fois-là, on brûla en même temps quelques hérétiques et grands criminels condamnés au feu.

Nore, « qu'au mois de mai, les Grecs célébraient en l'honneur de Diane, une fête que l'on nommait les *Lophries ;* et que le jour du solstice, on mettait le feu à un bûcher, auquel on avait attachée des animaux et des fruits comme offrande. Cet usage d'allumer un feu à l'époque du solstice, existait surtout chez les peuples pasteurs, et cette institution avait pour objet d'appeler la faveur du ciel sur les produits de la terre. »

Les Syriens et les Hébreux avaient aussi leur fête *de la torche* ou du *bûcher :* à l'arrivée du printemps ils dressaient des arbres devant leur temple, ils suspendaient aux branches des animaux vivants, et des offrandes précieuses d'or et d'argent ; après avoir promené leurs dieux à l'entour, ils y mettaient le feu (Boulanger, *l'antiquité dévoilée par ses usages*. (Liv. I, chap. I et liv. IV, chap. IV.)

L'abbé Huet, dans ses *Matinées sénonoises*, Paris 1789, consacre deux pages aux feux de la Saint-Jean, voici ce qu'il en dit : « Au temps le plus chaud de l'année, on allumait, il n'y a pas longtemps, des feux par toute la France. Il n'y a plus que les campagnes qui aient conservé cet usage. Dans quelques villages des environs de Sens, on ne manque pas d'allumer ce feu, la nuit qui précède la Saint-Jean.

Les charbons qui en résultent sont regardés comme un préservatif, je crois, contre l'incendie, et chacun en emporte chez soi. Le moyen de détruire cette superstition serait d'en supprimer l'occasion : mais l'ignorance et l'entêtement sont deux soutiens, garans de sa durée ; et il ne serait pas aisé de faire renoncer ces bonnes gens à une cérémonie si ancienne, qu'on ne peut fixer ni le temps ni le lieu de son établissement..... Sainte-Foix l'attribue aux réjouissances qui avaient lieu chez les Grecs et les Romains, aux publications de paix et aux nouvelles des victoires remportées sur l'ennemi. « Ces réjouissances, dit-il, étaient toujours accompagnées de sacrifices où l'on allumait de grands feux pour brûler les victimes.

Nous avons eu l'esprit de conserver les feux, sans avoir de victimes à brûler. » (Et les chats !...) On a prétendu, selon Voltaire, que c'était une très vieille coutume pour faire souvenir de l'ancien embrasement de la terre, qui en attendait un second.

J'ai lu ailleurs que ce feu était d'abord une illumination, dont la tradition remonte presque jusqu'à la prédiction qu'en a faite Jésus-Christ. Du temps de Saint-Bernard, ajoute-t-on, elle était déjà convertie en feu de joie, et ce docteur fait remarquer que cette cérémonie était si universellement pratiquée de son temps, qu'elle s'observait même chez les Turcs et les Sarrasins. L'origine que donne Gébelin, me paraît la plus vraisemblable.

Les feux de la Saint-Jean, dit-il, ont succédé aux feux sacrés allumés à minuit, chez les Orientaux, qui figuraient par cette flamme le renouvellement de leur année. Ces feux de joie étaient accompagnés de vœux et de sacrifices pour la prospérité des peuples et des biens de la terre. On dansait autour de ce feu, et les plus agiles sautaient par dessus. En se retirant, chacun emportait un tison plus ou moins grand, et le reste était jeté au vent, pour qu'il emportât tous les malheurs, comme il emportait les cendres. Plusieurs siècles après, lorsque le solstice d'été ne fit plus l'ouverture de l'année, on continua l'usage des feux dans le même temps, par une suite de l'habitude et des idées superstitieuses qu'on y avait attachées. On trouve ces feux de la Saint-Jean en usage jusque dans le fond de la Russie. »

Il faut ajouter à la Russie, la Bohême, la Hongrie, la Moravie et presque toute l'Allemagne; même dans certains endroits on saute à cheval pardessus le bûcher, ce qui paraît peu dangereux pour le cavalier, mais les chevaux ne doivent pas s'y déterminer sans peine.

Un décret, émanant de l'abbaye princière de Murbach (Alsace) et daté du 19 décembre 1659, intime aux habitants de la ville de Guebwiller de livrer à l'échansonnerie de ladite abbaye (selon l'ancienne coutume), *les poules du carnaval et les coqs de la Saint-Jean*. Étaient exempts de cette redevance les nobles, l'intendant, le sergent, les maîtres des corporations, ceux qui avaient des chevaux ou qui faisaient les corvées avec des charrues et les femmes en couches.

Jean est un nom qui se donne souvent comme épithète malséante : *Jean des Vignes, Jean Logne*, etc.

> Paillards, ribaux, et rufiens qui font
> Porter aux Jans des cornes sur le front.
> (Ronsard).

On nomme *Jan* et non *Jean*, dit Bellingen, celui qui souffre les infidélités de sa femme, du nom de *Janus*, représenté avec deux visages, l'un devant, l'autre derrière, et sont comme deux têtes dans un bonnet. L'étymologie latine de juin est *junius* ; quelques-uns le dérivent de Junon, comme Ovide, dans le livre V des *Fastes :*

> *Junius a nostro nomine nomen habet.*
> (C'est de notre nom que juin a pris le sien.)

D'autres, comme Macrobe, le font venir *a junioribus* (des jeunes gens), prétendant qu'il fut ainsi nommé par les Romains en l'honneur de la jeunesse (*in honorem juniorum*), c'est-à-dire de la jeunesse qui servait à la guerre; d'autres enfin de *Junius Brutus*, qui chassa les rois de Rome (1).

(1) *Philologie française*, etc., par Noël et Charpentier, Paris, 1831, 2 vol. in-8°.

IV.

Les mais, coutumes se rapportant au mois de Mai et à la Saint-Jean. — Superstitions.

La coutume de planter des *mais* (1) doit être moins ancienne que celle des *feux de la Saint-Jean*; cette dernière (abstraction faite de toute source druidique), ayant une origine d'utilité, et sa pratique pouvant bien être reportée à l'époque de l'agriculture élémentaire la plus reculée. La plantation des *mais* au contraire se présente comme une fête de simple réjouissance à l'arrivée du printemps, à l'arrivée du soleil. Quelques auteurs allemands ont néanmoins cherché à la faire dériver des anciens jours, où l'on se couronnait de fleurs aux fêtes de naissance, où l'autel du génie protecteur qu'on invoquait était également couvert de mousse et de roses, cérémonie que les premiers chrétiens auraient conservée par la plantation du *mai*, par les couronnes qu'on y attache ou qu'on met sur la tête du petit Saint-Jean; en ayant soin toutefois de mettre cette fête au jour de la naissance de Saint-Jean-Baptiste, c'est-à-dire au 24 juin.

Boulanger, dans son ouvrage l'*Antiquité dévoilée par ses usages*, en parlant de l'ancienne fête romaine d'*Anna Perenna* qui se célébrait le 15 mars, et où l'on construisait des berceaux de verdure aux bords du Tybre, indique cette fête comme origine de l'usage de planter des *mais*, et de donner des fleurs et des bouquets aux anniversaires des naissances.

En Angleterre l'origine des fêtes de mai (*may-games* ou *may-poles*) se liait à l'ancien drame religieux, aux *miracles-play's*. Cette fête éminemment populaire, avait tout un cortège chantant, en avant duquel on voyait gambader un jack ou jeannot, soit un fou-de-ville en costume officiel, c'est-à-dire avec grelots, vessie, marotte et bonnet à oreilles d'âne. Puis venaient les principaux acteurs des ballades nationales, Robin Hood, frère Tuck, Maid Marian, tous représentés (y compris la belle Marianne et ses compagnes) par de jeunes garçons vêtus comme l'exigeait leur rôle. Cette procession devait, pour ne rien laisser à désirer, offrir à l'arrière-garde plusieurs groupes, particulièrement aimés du peuple, à savoir des danseurs moresques et certains mannequins qu'on appelait *hobby-horses*, chevaux d'osier à tête de carton, que des

(1) Ce sont des arbres, généralement des sapins, dont le tronc est pelé, auxquels on n'a laissé intacte que la cime, qui est ornée de fleurs, de bandelettes de différentes couleurs, etc

hommes cachés sous les plis de leurs longues housses faisaient marcher et caracoler (1).

Les provinces de la France n'ont pas un tel attirail dramatique aux fêtes du mois de mai ; pourtant nous en trouvons dans le midi qui s'en rapprochent, par exemple le *carri :* « Cette fête se célèbre tous les ans, le 1er mai, à Pernes et dans plusieurs autres communes du département de Vaucluse. Le *carri* est une charrette ornée de rideaux en filoselle de couleur jaune et de branches de peuplier, dans laquelle sont placés des musiciens ; un roi avec son lieutenant siègent sur le devant dans de grands fauteuils. Trente à quarante mulets sont attelés à cette charrette, ils sont pompeusement harnachés et montés par des postillons qui font claquer leurs fouets à chaque instant. Cette espèce de char est précédée d'une cavalcade nombreuse, et l'un des cavaliers porte un guidon orné des emblèmes de l'agriculture. Le cortège fait trois fois le tour de la ville, puis il en sort ; et, à un signal donné, tous les cavaliers partent au grand galop, pour se diriger vers un but où le premier qui arrive remporte le prix (2).

Par extension, pour désigner une fête, une réjouissance quelconque, on se sert quelquefois de l'expression de *planter le mai*, comme dans cette ancienne chanson de l'Avranchin, dont le refrain est :

> De Paris à La Rochelle
> Plantons le moy,
> Plantons le moy, Madelaine,
> Plantons le moy
> Vous et moi.

En Lorraine, *planter le mai* ou *planter le rain* sont deux expressions synonymes. Dans le moyen-âge mettre quelqu'un en possession d'un office par le *rain*, c'était lui donner entre les mains un petit bâton blanc comme signe d'investiture de cet office (3).

La coutume de planter des *mais* existe encore dans quelques provinces de la France ; dans notre enfance, nous l'avons vu pratiquer en Alsace.

Dans le Nord on a coutume d'attacher des branches ou des fleurs à la porte ou aux fenêtres des jeunes filles dont la réputation est intacte : si cet usage est plus modeste que les réjouissances à coups de tam-tam et les affiches de la rosière de Nanterre, il n'en est que plus vrai dans sa modeste expression.

La clef du caveau a conservé la chanson :

(1) *Histoire des marionnettes*, par Ch. Magnin, Paris, 1862, deuxième édition.
(2) *Coutumes, mythes et traditions des provinces de France*, par A. de Nore.
(3) *Traditions populaires de l'ancienne Lorraine*, par M. Michaud, 1848.

Plan-tons le mai, chan-tons le mai; Le mai, le mai du jo-li mois de mai! Chan-tons le mois où la ver-du-re Pousse et fait plan-ter en na-tu-re Le mai, le mai du jo-li mois de mai, Le mai, le mai Qui nous rend le cœur gai.

Cette chanson est de Laujon. Pour l'acception de *planter le mai*, voyez le *Dictionnaire comique* de Philibert-Joseph le Roux, tome 2, page 318.

Un usage bizarre, se rapportant au 1er mai, est celui d'Armentières, (département du Nord) où l'on jette des *nieulles* ou pains bénits aux enfants, qu'on arrose avec des pompes, tandis qu'ils les ramassent.

Il existait autrefois dans nos parlements, une cérémonie à laquelle on donnait le nom de *baillée des roses*, et dont on ignore l'origine ainsi que l'époque à laquelle elle a cessé.

Le Grand d'Aussy, dans son *Histoire de la vie privée des Français*, fait naître cette coutume au commencement du XIVe siècle, en ajoutant que les troubles de la ligue ayant interrompu les fonctions du parlement, et obligé de le transférer à Tours, on ne songea plus à la vaine cérémonie des roses, abolie dès lors. Elle avait été particulièrement en usage dans les parlements de Paris et de Toulouse. Le droit des roses se rendait par les pairs, en avril, mai et juin, lorsqu'on appelait leurs rôles. Pour cela on choisissait un jour qu'il y avait audience à la grand'chambre, et le pair qui les présentait faisait joncher de roses, de fleurs et d'herbes odoriférantes toutes les chambres du parlement.

Avant l'audience il donnait un déjeuner splendide aux présidents et aux conseillers, même aux greffiers et huissiers de la Cour, ensuite il venait dans chaque chambre, faisant porter devant lui un grand bassin d'argent rempli non seulement d'autant de bouquets d'œillets, roses et autres fleurs de soie et de fleurs naturelles qu'il y avait d'officiers, mais encore d'autant de couronnes rehaussées de ses armes; après cet hommage, on lui donnait audience à la grand'chambre; ensuite on disait la messe; les hautbois jouaient, et allaient même jouer chez les présidents

endant le dîner. Il n'y avait pas jusqu'à celui qui écrivait sous le gref-
ier, qui n'eût son droit de roses.

Excepté nos rois et nos reines, aucun de ceux qui avaient des pairies
ans le ressort du parlement n'étaient exempts de cette espèce de rede-
rance : les rois de Navarre s'y assujettirent ; et Henri, fils d'Antoine de
ourbon et de Jeanne d'Albret, justifia au procureur général que ni lui
ii ses prédécesseurs, n'avaient jamais manqué de remplir cette obliga-
ion. Des fils de France l'ont fait en 1577. Cet hommage des roses occa-
ionna en 1545, une dispute de préséance entre le duc de Montpensier
t le duc de Nevers, terminée par un arrêt du parlement, qui ordonna
ue le duc de Montpensier les baillerait le premier, à cause de ses deux
qualités de prince et de pair.

Le parlement avait un faiseur de roses, appelé le *Rosier de la Cour*,
et les pairs achetaient de lui celles dont ils faisaient leurs présents.

On présentait au parlement de Paris des roses et des couronnes de
roses, et à celui de Toulouse des bouquets de roses et des chapeaux de
roses. (1).

A Londres, quand on élit un nouveau lord-maire, et quand les
shérifs arrivent à Guildhall, on leur offre à chacun un bouquet.

Les mainteneurs de la gaye science décernaient la violette des jeux
floraux le 1er mai.

Estienne Pasquier, dans ses *Recherches de la France* nous dit aussi :
« Il n'est pas qu'en quelques villes, et nommément en celle de Lagny,
on n'ait voulu représenter les *jeux floraux* le jour de la Pentecôte ; car
alors dès le matin le commun peuple, au lieu d'aller à l'église, va au
bois cueillir des rameaux, et l'après-dînée fait une infinité d'exercices
de corps plaisants, voire y a certains paysants en chemise, qui courent
un jeu de prix : coustume qui fut deffendue par arrest de la Cour du
parlement de Paris, moy plaidant pour les religieux, abbé et couvent
de Lagny, Et afin que l'on ne pense que ce cy vienne d'une coustume
moderne seulement, les anciens concils ne se plaignent d'autre choses
que de telles folastries. » (Folio 308 verso.)

Henri II accorda à la corporation de la *Bazoche* le droit d'aller couper un arbre dans les forêts du domaine de la couronne, pour la cérémonie du *mai* qu'elle plantait chaque année au bas de l'escalier du
palais.

Furetière nous apprend dans son dictionnaire : « Que de son temps
la plantation du *may* n'était plus guère en usage qu'à la campagne et

(1) *Coutumes et traditions des vrovinces de France*, par A. de Nore, p. 351 et suivantes.

chez les artisans, comme maçons, mareschaux, boulangers, imprimeurs, etc. Néanmoins les clercs de la Basoche vont encore planter solennellement un *may* dans la cour du palais tous les ans, et les Orfèvres présentent à la Vierge un grand tableau qu'on appelle le *tableau de may*, qu'on attache ce jour là à la porte de l'église. »

La rose d'or était une rose que le pape avait coutume de bénir à la messe du dimanche de carême, où on chante *Lœtare Jerusalem*, qu'après la messe il portait en procession, et qu'il envoyait ensuite à quelque prince souverain. Cette rose d'or était l'image de la saison des fleurs, des beaux jours du printemps et de l'été (1).

Dans beaucoup d'endroits la Saint-Jean est une époque où l'on renouvelle les baux des fermages, etc; où se font aussi les payements échus, et enfin c'est l'époque où se louent les domestiques, les servantes. Il nous souvient de quelques bribes de couplets qui ont rapport à ces entrées en service :

> A la Saint-Jean je m'accueillis (2),
> Je m'accueillis six francs tout rond,
> La vesi, la veson,
> La veson, dondon,
> En dansant la vesi,
>   Hi,
> En dansant la veson,
>   Hon !

On encore les suivants, tirés de l'*ancien Bourbonnais* par Allier :

Dialogue entre deux servantes,

O ve - ci la Saint-Jean, ma mi - a, ma ca - me - ra - da. O ve - ci la Saint-Jean Que nous four-ra quit-ta, Que nous four - ra quit - ta... Et tour-na de - mo - ra.

---

(1) *Explication des cérémonies de l'Eglise,* par dom Claude de Vert, deuxième édition, Paris, 1710, t. II. p. 21.

(2) *S'accueillir.* — L'ancienne signification du mot *accueil* était retraite, abri; *s'accueillir* est donc pris ici dans le sens de s'abriter en se mettant en service. Il y a encore ns *associer,* donner part dans quelque chose, *colligere.*

T'in sauras-tu pas mau, ma mia, ma camerada,
T'in sauras-tu pas mau, de nous véire quitta,
De nous véire n'alla?

— Ou m'in saura bin mau, ma mia, ma camerada,
Ou m'in saura bin mau, mais pura ne peux pas,
Mais pura ne peux pas.

Faut pas te chagrina, ma mia, ma camerada,
Faut pas te chagrina, toujours rire et chanta,
Et torna demora.

TRADUCTION :

Ah! voici la Saint-Jean, ma mie, ma camarade,
Ah! voici la Saint-Jean, qu'il faudra nous quitter,
Qu'il faudra nous en aller.

Ne t'en saura-t-il pas mal, ma mie, ma camarade,
Ne t'en saura-t-il pas mal de nous voir quitter,
De nous voir en aller?

Il m'en saura bien mal, ma mie, ma camarade,
Il m'en saura bien mal, mais pleurer je ne peux pas,
Mais pleurer je ne peux pas.

Faut pas te chagriner, ma mie, ma camarade,
Faut pas te chagriner, toujours rire et chanter,
Et redemeurer.

C'est dans la *Caribarye des artisans* qu'il faut chercher la chanso
la plus complète sur les servantes qui changent de maîtres. L'air *de
fougères sont mes gants* est sans doute bien joli, mais où le trouver?
La Caribarye n'a pas d'airs notés.

Chanson consolatoire pour les servantes de Paris : sur le chant : *de
fougères sont mes gants.*

Ne parlons plus de la Saint-Jean,
Servantes je vous prie,

Nos maitresses sont en tourment,
Ne parlons plus de la Saint-Jean,
Et nos maîtres ne sont contens
Que nous fassions sortie :
Ne parlons plus de la Saint-Jean,
Servantes je vous prie.

Et la cour le vérifiant,
Nous ferions grand' folie :
Ne parlons plus de la Saint-Jean,
Servantes je vous prie.

Si n'avons bien fait cy-devant,
Ne parlons plus de la Saint-Jean,
Faisons mieux en continuant.
Nous ne serons haïes,
Ne parlons plus de la Saint-Jean.
Servantes je vous prie.

Si nous devions servir trois ans,
Ne parlons plus de la Saint-Jean,
Cela nous ennuyroit pourtant,
La Toussaincts nous deslie,
Ne parlons plus de la Saint-Jean,
Servantes je vous prie.

Et lors n'ayant contentement,
Ne parlons plus de la Saint-Jean,
Nous pourrons aller librement,
Où le gain nous convie,
Ne parlons plus de la Saint-Jean.
Servantes je vous prie.

Au lieu de nous donner bon temps,
Ne parlons plus de la Saint-Jean,
Il faudra pleurer nos parens,
A notre departie.
Ne parlons plus de la Saint-Jean.
Servantes je vous prie.

Tout est sujet à changement,
Ne parlons plus de la Saint-Jean,
Nous faisions si gaillardement
A ce jour chère lie,
Ne parlons plus de la Saint-Jean,
Servantes je vous prie.

Nos amoureus sont mal contens,
Ne parlons plus de la Saint-Jean,
Que nous allions voir tous les ans,
J'en suis la plus marrie,
Ne parlons plus de la Saint-Jean,
Servantes je vous prie.

Il y en a bien plus de cent,
Ne parlons plus de la Saint-Jean,
Qui disent s'elles prennent vent,
Qu'elles feront folie,
Ne parlons de la Saint-Jean,
Servantes je vous prie.

Pour moy j'ay fait un bon serment
Ne parlons plus de la Saint-Jean,
De ne me marier de l'an,
S'il ne m'en prend envie,
Ne parlons plus de la Saint-Jean,
Servantes je vous prie.

Cette chanson n'est de Vathan,
Ne parlons plus de la Saint-Jean,
Composée nouvellement,
Près de la boucherie,
Ne parlons plus de la Saint-Jean,
Servantes je vous prie.

Celle qui l'allait composant,
Ne parlons plus de la Saint-Jean,
Fille est de grand entendement,
Je vous jure ma vie,
Ne parlons plus de la Saint-Jean,
Servantes je vous prie.

Caribarye des artisans, ou recueil nouveau des plus agréables chansons, etc.
Paris, Boisset (vers 1644), p. 46.

La *Procession noire* d'Evreux avait lieu le 1ᵉʳ mai, c'était une occasion de toutes sortes d'extravagances : on jetait du son dans les yeux des passants; on faisait sauter les uns par dessus un balai, et danser les autres (1).

La *Procession verte*, supprimée au XVIIᵉ siècle, avait lieu à Châlons : la veille de la Saint-Jean-Baptiste, le chapitre de la cathédrale se rendait en cavalcade à un endroit nommé l'*Étoile à forêt*; là, les chanoines coupaient des branches de saules qu'ils rapportaient à l'église, où ils en ornaient le maître-autel, les chapelles, les statues (2).

Nous n'en finirions pas si nous devions rapporter toutes les excentricités auxquelles on se livrait au mois de mai, en voici une pourtant assez originale, tirée des *Bigarrures et Touches du seigneur des accords,* Rouen 1616, page 50 verso : « A Dijon au mois de *may*, chacun an l'on a coustume par privilége exprès, de mener sur l'asne les maris qui battent leurs femmes, où il se fait très belle assemblée de plusieurs voisins et autres, masquez en fort brave appareil. »

La *chevauchée de l'âne* était une peine infamante qui s'infligeait déjà du temps des Grecs et des Romains. (Voyez la réédition du *recueil faict au vray de la chevauchée de l'asne,* etc. Lyon 1829, in-8°

____

(1) *La piété au moyen âge*, par A. de Martonne, Paris, 1855, p. 86.
(2) *Coutumes e traditions*, par A. de Nore, p. 208.

M. Monnier, dans ses *Traditions populaires comparées*, page 290, cite une décision de Jean de la Palud, abbé de Luxeuil, en faveur des dames de la Franche-Comté (1533).

> . . . .
> Obtempérant à l'humile requeste,
> Très louable, très douce, très honneste,
> Qu'ont présentée les dames de Luxeuil,
> Et que j'ai lue sans oublier mot seul,
> Mentionnant de leurs grands priviléges,
> Leurs franchises, justices et vrais siéges,
> Dont, de long-temps, sont en possession ·
> C'est assavoir que l'homme marié,
> Ne doit battre, sans en estre prié,
> Soit droit ou tort, en cestui mois, sa femme,
> Se n'en veuillent courir à gros le blasme;
> *Car franches sont pendant le mois de may,*
> Ayant pouvoir, pour oster hors des meix (maisons)
> Leurs cotes, et soi baigner honnestement,
> Danser, sauter, vivre joyeusement,
> Ensemblement faire banquet joyeux;
> Et sans congé jouer à tous les jeux;
> Toutes coutumes dont longtemps ont usé.
> . . . .

D'innombrables superstitions ont de tout temps fait cortége à ce mystérieux mois de mai, et elles sont loin d'être complétement éteintes dans nos campagnes.

Saint-Jean lui-même a fini par être rangé au nombre des praticiens des sciences occultes ; J. B. Salgues, dans ses *Erreurs et préjugés*, etc. tome II, page 173, cite la singulière prose suivante sur Saint-Jean-Baptiste :

> Inexhaustum fert thesaurum,
> Qui de virgis fecit aurum,
> Gemmas de lapidibus.
>
> Il sut, par un art tout puissant,
> En or convertir le sarment,
> Et les cailloux en diamant.

Les *Évangiles des Quenouilles*, qui datent du xvᵉ siècle, nous apprennent que : « Qui behourde (1) le jour des brandons ses arbres, sache pour vray qu'ils n'auront en tout cest an ne honnines (chenilles) ne vermines. »

(1) *Behourder* provient de *behours*, corde empreinte de résine qu'on allumait et qu'on promenait sous les arbres fruitiers à la fin d'avril ou au commencement de mai. (*Glossaire roman*, de Roquefort.)

« Si une femme veult que son mari ou amy l'aime fort, elle lui doit ettre une fueille de gauguier (noyer) cueillie la nuit Saint-Jehan tanis qu'on sonne nonne, en son souler (soulier) du pied senestre (gauche) t sans faulte il l'amera moult (très) mèrveilleusement. »

« Femme qui desire que ses vaches donnent chascune autant de lait omme celles de ses voisines, elle doit par chascun jour son vaissel à oudre froter de bonnes herbes cueillies sur la nuit de Sainct-Jehan, andis qu'on sonne nonne. »

« Se vous avez mari rebelle et qui ne vous vueille baillier argent à ʼostre besoing, prenez le premier neu d'un festu de fromment, cueilli uprès de terre la nuict Saint-Jan, tandis qu'on sonne nonne, et icellui outez au trou du coffre au lieu de la clef, et sans faulte il s'ouvrira. »

Dans l'*aventurier Buscon* de *Quévédo y Villégas* (fin du XVIᵉ siècle) Buscon raconte que dans la chambre de sa mère : « Le plancher estoit tout garny de figures de cire, de verraine, de fougère, et d'autres herbes de la veille Saint-Jean, dont elle faisoit d'estranges compositions. » (Traduction du sieur de la Geneste; Rouen, 1645).

Comme il y avait dans l'ancien calendrier plusieurs fêtes de la Saint-Jean, on les désignait par les différents proverbes rapportés par Béroalde de Verville dans son *Moyen de parvenir :* « Il y a la Saint-Jean qu'on fauche, la Saint-Jean qu'on tond, la Saint-Jean qu'on bat, et la Saint-Jean qu'on chauffe.

D'autres superstitions consistaient par exemple : A cueillir certaines herbes la veille ou le jour de la Saint-Jean, à les suspendre dans les écuries, c'était un talisman pour protèger les animaux contre les enchantements.

Cette superstition est déjà mentionnée dans Festus, Denis d'Halicarnasse et Athénée. Les Romains purifiaient les étables des moutons et les écuries avec du souffre, ou avec la fumée de feuilles de laurier. Cela se pratiquait à la fin d'avril, lors des fêtes de *Palilia*, la déesse des bergers. Le soir on allumait de grands feux de paille, et les bergers sautaient par dessus.

A ne pas se marier au mois de mai, coutume qui remonte aux Romains :

> *Majo mense malas nubere vulgus ait.*
> Noces de mai, noces mortelles.
>   Liv. V des *Fastes* d'Ovide.

Ce proverbe se retrouve dans le *Calendrier des bons laboureurs* pour 1618 :

> Si le commun peuple dit vray,
> La mauvaise s'espouse en may.

Autres recommandations populaires : Manger avant de se mettre au lit une pomme de rainette, cueillie au lever de la lune le jour de la Saint-Jean-Baptiste, pour faire de beaux rêves. Recueillir la cendre du bûcher de la Saint-Jean ou en conserver une bûche pour se préserver de la foudre. Se rouler le jour de la Saint-Jean dans la rosée, pour la guérison des maladies de la peau ; en Saintonge ce bain de rosée doit vous faire aimer de celle qui possède votre cœur ; cela s'appelle *prendre l'aiguail de mai*. Se nettoyer les dents avec de l'aïl et y passer une pièce d'or avant d'assister à la plantation du mai, pour bien se porter le reste de l'année.

En Vendée les paysans plantent une tige d'aubépine en fleurs sur leur fumier, le 1er mai, afin que le blé en grenier ne germe pas. Si une poule couve le jour de la Saint-Jean, il faut la mettre hors la maison, sans cela il vous arriverait malheur.

Certaines herbes cueillies en mai, devaient aussi guérir le *mal Saint-Jean, morbus solstitialis, morbus herculeus* ; ces noms lui viennent de ce qu'à l'époque de la fête de Saint-Jean du solstice d'été, le soleil est arrivé au plus *haut* point du zodiaque, et ne fait plus que descendre et tomber de haut en bas, jusqu'à la fête de la Saint-Jean du solstice d'hiver, qui le guérit de sa chute, et le fait remonter au ciel (1).

Cette herbe de la Saint-Jean était l'armoise, d'après Passerat :

Armoise, herbe saint-jean, tu portes bon encontre.

Une coutume assez poétique était celle des femmes du Croisic, qui allaient le 1er mai, avec un bouquet de fleurs, crier à la mer :

> Goëlans, Goëlans,
> Ramenez-nous nos maris,
> Ramenez-nous nos amants.

Ajoutons à cela que les fleurs cueillies le jour de la Saint-Jean ne se flétrissent jamais.

« Les Basques mettent la veille de la fête de la Saint-Jean une pierre au milieu des feux que l'on a allumés; elle sert de prie-dieu au bienheureux, qui passe dans tous les lieux où l'on en a fait en son honneur. Le lendemain matin on y trouve ordinairement des cheveux qu'il y a laissés, et que l'on conserve comme des reliques. » (2).

Je vous prends sans vert, autre coutume du mois de mai : « Dans les XIIIᵉ XIVᵉ et XVᵉ siècles, il fallait, pendant les premiers jours du mois de mai, porter sur soi une branche ou un feuillage, en un mot quelque

---

(1) *Les XXIII manières de villains*, pièce du XIIIᵉ siècle, publiée par A. Jubinal, 18 4.
(2) *Le pays basque*, par Francisque Michel, Paris, 1857, p. 153.

verdure ; sans quoi on s'exposait à recevoir un seau d'eau sur la tête. Celui qui le jetait, disait en même temps : *Je vous prends sans vert.* Dans la suite, comme l'ablution rendait le jeu sérieux, on le remplaça par d'autres peines moins fortes. » (1).

> *Le diable me prendrait sans vert, s'il me rencontrait sans dés.*
> Rabelais.

Cette coutume se pratiquait aussi entre gens de qualité, mais on n'était sujet qu'à une amende, ce qu'on appelle de nos jours une *philippine* (2).

La Fontaine a mis dans sa pièce : *Je vous prends sans vert,* ces jolis couplets :

> Tout renouvelle
> Dans ce beau mois,
> La plus cruelle
> Respire un choix :
> Fière fillette,
> Timide amant,
> A la rangette
> L'amour les prend,
> Dans une plaine,
> Sous un couvert,
> L'un sans mitaine,
> L'autre *sans vert.*

Nous avons cherché en vain l'origine de *je vous prends sans vert*; sa signification ne se trouve élucidée nulle part, à notre connaissance.

Ce n'est certes pas à l'ancienne coutume du *bonnet vert* qu'on faisait porter aux banqueroutiers et aux mauvais débiteurs qu'il faut l'emprunter, coutume qui existait encore du temps de Boileau :

> Et que d'un bonnet vert le salutaire affront
> Flétrisse les lauriers qui lui couvrent le front.
> Boileau, satire I.

Le droit de pâture qui s'appelait anciennement *droit de vert* aurait-il donné naissance à *je vous prends sans vert*? En admettant l'infraction d'un serf ou d'un manant, surpris à faire paître ses bêtes sur une terre seigneuriale.

(1) *Matinées sénonoises,* par l'abbé Tuet, Paris et Sens, 1789, p. 110.
(2) Voyez, pour plus de détails, le *Dictionnaire des proverbes,* par J. Panckoucke, Paris, 1749, p. 408.

Typ. Charles de Mourgues frères, rue J.-J. Rousseau, 58. — 4958.

LA CHANSON DE JEAN DE NIVELLE

(avec l'ancien air noté),

Par J. B. WEKERLIN.

Une notice de M. Du Mersan sur la chanson populaire de *Cadet-Rousselle* (1), contient les lignes suivantes : « Des ballades et des chansons ont été faites sur Jean de Nivelle, et quelques bibliographes prétendent en avoir vu une dans un petit imprimé fort rare, fait à Namur en 1680. Cependant, dans un article de l'*Émancipation*, répété par le *Cabinet de Lecture*, ils y joignent le couplet des *Trois cheveux*, que nous avons vu faire nous-même à Aude..... » etc.

Que le couplet des *Trois cheveux* et bien d'autres de *Cadet Rousselle* aient été faits par Aude et Tissot, son collaborateur, dans la pièce de *Cadet Rousselle*, cela est fort possible : le tour original de la chanson de *Jean de Nivelle* prête bien à ces sortes d'imitations. Quant au petit imprimé de 1680, nous ne le connaissons pas, mais en voici un qui ne le fera peut-être pas regretter. C'est un volume in-12, intitulé : *Chansons folastres et prologues, tant superlifiques que drolatiques des comédiens français, revues et augmentées de nouveau par le sieur Estienne de Bellone, Tourengeau, Rouen, 1612, chez Jean Petit, tenant sa boutique dans la court du Palais* (2).

Ce rarissime chansonnier, mêlé de prose, est en 2 volumes; les airs n'y sont pas notés, mais en tête de la plupart des chansons on en indique *le timbre*. Cette indication, il faut bien l'avouer, n'est généralement qu'un embarras de plus ; ces *timbres* sont des airs de chansons qui couraient alors, et qui se chantaient probablement depuis plus d'un siècle : mais où les trouver ? les chansonniers de 1500 à 1600 avec airs notés sont fort rares; la plupart renferment d'ailleurs des chansons qui ne correspondent en aucune façon avec les timbres indiqués dans

(1) *Chants et Chansons populaires de la France*, Paris, Delloye, 1843, trois vol. in-8°.

(2) Voir, pour la description détaillée de ce volume, deux articles fort intéressants publiés dans l'*Illustration*, mois de février 1850. Ces articles, signés *un compatriote de Bellone*, sont de M. Taschereau, directeur général de la Bibliothèque impériale. M Taschereau possède un exemplaire de ce chansonnier, la Biliothèque de l'Arsenal en a un autre : ce sont les deux seuls connus publiquement jusqu'ici. — Estienne de Bellone auteur d'une tragédie intitulée *Les amours de Dalcméon et de Flore*, dédiée à M. Duvivier, 1610. Cette tragédie est suivie de *Meslanges et sonnets du mesme autheur*.

des ouvrages antérieurs. La 19e chanson du 1er volume d'Estienne de Bellone est celle de *Jean de Nivelle*, telle que nous la reproduisons ici :

>Jean de Nivelle a trois enfans,
>Jean de Nivelle a trois enfans,
>Dont il y en a deux marchands,
>Dont il y en a deux marchands,
>L'autre escure la vaisselle :
>Hay avant Jean de Nivelle,
>Hay hay hay avant,
>Jean de Nivelle est un galant.
>
>Jean de Nivelle a trois chevaux (*bis*),
>Deux sont par monts et par vaux (*bis*),
>Et l'autre n'a point de celle :
>Hay avant Jean de Nivelle,
>Hay hay hay avant,
>Jean de Nivelle est un galant.
>
>Jean de Nivelle a trois beaux chiens (*bis*),
>Il y en a deux vaut-riens (*bis*),
>L'autre fuit quand on l'appelle :
>Hay avant Jean de Nivelle,
>Hay hay hay avant,
>Jean de Nivelle est un galant.
>
>Jean de Nivelle a trois gros chats (*bis*),
>L'un prend souris, l'autre rats (*bis*),
>L'autre mange la chandelle :
>Hay avant Jean de Nivelle,
>Hay hay hay avant,
>Jean de Nivelle est un galant.
>
>Jean de Nivelle a un valet (*bis*),
>S'il n'est pas beau il n'est pas laid (*bis*),
>Il accoste une pucelle :
>Hay avant Jean de Nivelle,
>Hay hay hay avant,
>Jean de Nivelle est triomphant.

Ce dernier couplet nous paraît ajouté ; il y manque cette forme du premier vers, ce moule carastéristique de la *triade* si exactement observé jusque là, et cela nous confirme dans la pensée qu'Estienne de Bellone n'a fait que reproduire cette chanson, sans en être l'auteur : la tradition orale l'avait déjà altérée par l'addition de ce couplet, dont le ton grivois jure d'ailleurs avec les précédents. Le *hay* du refrain est une onomatopée, équivalant au *hèz* de la *prose de l'âne*, ou au *xi xi*, ou *xz, xz* de nos jours, servant à exciter les chiens, à les pousser en avant.

De Bellone met sur le titre de ses chansons : *revues et augmentées de nouveau,* ce qui fait supposer une édition antérieure, non parvenue jusqu'à nous.

Quoique la date de 1612 soit déjà fort respectable, l'origine historique de cette chanson remonte bien au-delà, puisque ce fut sous le règne de Louis XI que Jean de Nivelle, allié au duc de Bourgogne, refusa de marcher contre ce prince, malgré les ordres du roi (1).

Il est plus que probable que la chanson de *Jean de Nivelle* a été faite, non du vivant d'Estienne de Bellone, mais à l'époque même à laquelle se rapporte le fait historique; or, en 1612 cette chanson devait avoir déjà plus d'un siècle et demi d'existence. Un événement historique, d'aussi peu d'importance, n'est plus assez vivace dans la mémoire du peuple après cent cinquante ans, pour qu'il adopte une chanson dont il ne comprendrait ni le sel, ni même la signification, et si Estienne de Bellone avait eu cette réminiscence, sa chanson ne serait jamais devenue populaire, par la raison que nous venons d'indiquer : l'oubli du fait historique.

Il se pourrait néanmoins que du temps de Louis XI on ait fait sur Jean de Nivelle le dicton populaire :

> Il fait comme ce chien de Jean de Nivelle,
> Qui s'enfuit quand on l'appelle.....

et que longtemps après, la chanson elle-même soit éclose ; mais ce n'est guère probable.

M. Le Roux de Lincy dans son *Livre des Proverbes français* (2), observe que celui de Jean de Nivelle a été travesti dès son origine, puisqu'on trouve dans *les Adages français* :

---

(1) Jean de Montmorency, seigneur de Nivelle, fils aîné de Jean de Montmorency, grand chambellan de France sous Charles VII, embrassa, avec Louis son frère, le parti du comte de Charolais contre le roi Louis XI, dans la guerre du *bien public.* Son père, après l'avoir fait sommer à son de trompe de rentrer dans son devoir sans qu'il comparût, le traita de chien ; d'où est venu ce proverbe, encore à la mode aujourd'hui, : « Il ressemble au chien de Jean de Nivelle, il s'enfuit quand on l'appelle. » Jean de Nivelle mourut en 1477. (*Dictionnaire universel, etc., de Chaudon et Delandine.*)

Ce sire de Montmorency, qui avait épousé Jeanne de Fosseux, dame de Nivelle, se brouilla avec son père (d'après quelques historiens) parce que ce dernier s'était remarié en secondes noces en épousant Marguerite d'Orgemont. Les relations avec la belle-mère laissèrent à désirer, et ce fut elle, à ce qu'il paraît, qui intrigua auprès de Louis XI, pour que Jean de Nivelle fût sommé, par les sergents et les hérauts d'armes du roi, d'abandonner la bannière de Charles le Téméraire et de venir le joindre. Jean de Nivelle, se méfiant des intentions du monarque cauteleux et rusé, prit la fuite.

(2) *Le livre des proverbes français,* 2e édit., Paris, Delahaye, 1859, deux vol. in-16, t. II, p. 46.

Le chien de maistre Jean de Nivelle
S'enfuit toujours quand on l'appelle.

Egalement dans le *Jardin de récréation de Gomès de Trier* :

Il ressemble le chien de Nivelle,
Il s'enfuit quand on l'appelle.

Le tout est de savoir si le proverbe a travesti la chanson, ou si c'est la chanson qui a travesti le proverbe.

Nous venons de citer le livre de M. Le Roux de Lincy, nous en extrairons encore ceci : au commencement du xvie siècle (1), Jean de Nivelle était l'objet d'une chanson populaire. La farce des *Deux savetiers*, représentée à cette époque par les suppôts de la Basoche, commence ainsi :

Hay avant Jehan de Nivelle.
Jehan de Nivelle a deux housseaux,
Le roi n'en a pas de si beaux,
Mais il n'y a pas de semelle.
Hay avant Jehan de Nivelle.

Histoire du théâtre français, t. II, p. 145.

Ce couplet ne peut dater de l'origine de la chanson, pas plus que celui de *Jean de Nivelle a un valet*, toujours à cause de la *triade* qui donne un tour si original à cette chanson dont elle est le type, le premier jet, le premier patron.

D'après le *Dictionnaire comique, satyrique*, etc., de *Le Roux*, édition d'Amsterdam, 1787, Jean de Nivelle se dit pour : *sot, innocent, niais;* Bescherelle est plus clément dans son Dictionnaire français : *se dit d'une personne peu sociable, peu complaisante.* Le héros de la chanson n'était ni sot ni peu sociable, par cela même qu'il prit la fuite devant les sergents et les hérauts d'armes de Louis XI, car ce Jean de Nivelle fut secrètement instruit que la sommation du roi, de venir le joindre pour combattre le duc de Bourgogne, n'était qu'un piége et qu'il songeait à le *jeter dans une tour.*

La seconde version, que nous donnons d'après le *Dictionnaire des proverbes de la Mésangère*, c'est que Jean de Nivelle fut cité au parlement pour avoir donné un soufflet à son père, mais qu'il refusa de comparaître. Son forfait ayant acquis de la publicité, on n'en parla qu'avec un extrême mépris, et ce fut dans la bouche du peuple le *chien de Jean de Nivelle.*

Fleury de Bellingen, dans ses *Etymologies des proverbes français,*

(1) Nous voilà loin de 1612, date du livre d'Estienne de Bellone.

ajoute : « et l'on a cru que le chien de Nivelle estoit le chien de quelqu'un, au lieu que c'est une injure contre Jean de Nivelle. »

L'air de la chanson de *Cadet Rousselle* nous a toujours paru un air moderne, quelqu'air de chasse du milieu du XVIIIe siècle ; la seconde partie est même une réminiscence partielle de la seconde partie de l'air de chasse du *Jeune Henri*.

Ca - det Rous - selle a trois gar - çons, L'un est vo - leur, l'au tre est fri - pon ; Ca - det Rous - selle a trois gar - çons, L'un est vo - leur, l'au tre est fri - pon, Le troisième est un peu fi - cel - le, Il res-sem-ble à Ca - det Rous-sel - le ; Ah ! ah ! ah ! mais vrai-ment, Ca - det Rous selle est bon en - fant.

Les derniers vers de cette chanson n'ont pas la même mesure que ceux qui leur correspondent dans la chanson de Jean de Nivelle, reproduite par Estienne de Bellone, et n'auraient jamais pu s'adapter à l'ancien air. Notre opinion s'est trouvée confirmée, il y a quelque temps, en mettant la main sur un petit chansonnier intitulé :

Recueil des plus belles chansons des Comédiens françois, En ce comprins les airs de plusieurs Ballets qui ont esté faits de nouveau à la cour. Reveu et augmenté de plusieurs chansons non encore veuës. A Caen, chez Jacques Mangeant. Ce petit in-12, terminé par des *bachanales* ou chansons à boire, ne porte pas de date ; il fait suite à un autre petit volume du même format : *Recueil des plus beaux airs accompagnés de chansons à dancer, Ballets, chansons folâtres et Bacchanales, autrement dites vaudevire* (1), *non encores imprimés, ausquelles chansons*

---

(1) Ce qui prouverait bien un peu que, depuis Olivier Basselin, les chansons à boire avaient conservé le nom de *vau de vire* : mais c'était là leur application spéciale, n'ayant aucun rapport avec l'orgine du mot *vaudeville*, qui tire son étymologie de *voix de ville* (chanson des rues), en opposition avec les *airs de cour*.

*l'on a mis la musique de leur chant, afin que chacun les puisse chanter
et dancer, le tout à une seule voix. A Caen, chez Jacques Mangeant,
1615.* Le deuxième volume de ce chansonnier est annoncé de la manière
suivante dans la préface au lecteur :

« Je me suis advancé de te préparer ce petit livre, en attendant un
autre que je t'appreste, *que tu verras en bref,* et qui sera d'airs et
ballets, mis à quatre parties, prins des meilleurs autheurs de ce temps,
lequel m'a esté promis par un de mes amis qui me les met par ordre. »

Le second volume est, en effet, conforme à cette promesse, seulement
l'éditeur s'est ravisé en ceci qu'il n'a donné les airs qu'à une voix et
non à quatre.

C'est au folio 11 que se trouve l'air noté de *Jean de Nivelle* que nous
reproduisons ici :

Jean de Ni-velle a trois en-fants, Jean de Ni-velle a
trois en-fants, Dont il y en a deux mar-chands,
Dont il y en a deux mar-chands, L'autre é-cu-re
la vais-sel-le, Hay a-vant, Jean de Ni-vel-le,
Hay, hay, hay, a-vant, Jean de Nivelle est un ga-lant.

Le texte de l'édition caennaise est parfaitement conforme à celui
d'Estienne de Bellone.

Dans cette notation de 1615, la tonalité est bien sol mineur, quoique
le second bémol (le mi b.) manque à la clef. C'était d'ailleurs l'habitude, avant le XVIIIᵉ siècle, de négliger le dernier bémol ou le dernier
dièze des tons mineurs, sans doute à cause du reste d'influence que le
plain-chant faisait encore subir à la musique profane, qui depuis longtemps cherchait à s'affranchir de cette forme. Rameau, dans son *Traité
d'harmonie,* parle de cette manière incomplète de notation : « Si les

Français oublient un bémol dans les tons mineurs transposés, les Italiens de leur côté oublient presque tous un *dièze* dans les tons majeurs transposés, » etc.

L'air que nous donnons d'après le chansonnier de 1615 ne ressemble en aucune façon à l'air de Cadet-Rousselle, et n'en est certes pas l'origine.

La chanson de Jean de Nivelle se retrouve également en Provence, M. Damase Arbaud la reproduit ainsi (1) :

Air : *Cadet Rousselle.*

Jean de Nivello n'avie'n chin
Que lou mandavo tirar de vin,
Et li derrobat la canello,
Leissetz passar Jean de Nivello,
Mai, mai, mai cependant
Jean de Nivell' es bouen enfant.

Jean de Nivello n'avie'n gau
Qu'eme sa couo escoubavo l'houstau
De sa pate fasie 'scudelo.....

Jean de Nivello n'avie'n pouerc
Que lou mandavo cercar de bouesc
Et li adusie ni trounc ni 'stelo....

Jean de Nivello n'avie'n buou
Qu'avie les banos sur lou cuou
Et la couo dessus la cervelo.....

Jean de Nivello n'avie'n cat
Que lou mandavo cercar ses bas
Et li rouiget la semelo.....

Jean de Nivell' avie'n agneou
Saup pas s'es mascl' ou ses femeou
. . . .

Jean de Nivell' a tres chivaux
L'un est borni, l'autr' es maraut,
L'autre poou pas pourtar la sello.....

Jean de Nivell' a tres enfants
L'un es bourreou, l'autr' es sargeant
Et l'autr' escapat de galero,

Leissetz passar Jean de Nivello,
Mai, mai, mai cependant,
Jean de Nivell' es bouen enfant.

M. Damase Hinard témoigne une forte envie de dater sa chanson du

(1) *Chants populaires de la Provence*, recueillis et annotés par *Damase Hinard*, Aix, 1862-1864, deux vol. in-18.

temps de Louis XI; mais en lui donnant pour timbre l'air de *Cadet Rousselle*, il détruit lui-même sa supposition, car, nous le répétons, l'air de Cadet Rousselle est moderne comme la chanson, et son refrain ne peut s'adapter à l'ancien air, sans le tronquer, tandis que l'ancien texte va parfaitement. On voit également que la forme primitive de la *triade* est absente dans le texte provençal, hors les *trois chevaux* et les *trois enfants*.

La chanson de *Jean de Nivelle* a joui pendant des siècles d'une immense popularité ; il est à remarquer que le nom de *Jean de Nivelle* a fini par devenir un type de bêtise naïve. C'était un nom générique qu'on donnait aux couplets frondeurs que faisaient éclore tel ou tel événement, chansonné par le peuple. Ainsi, quand Marie de Bretagne, qui fut la fameuse duchesse de Montbazon, épousa Hercule de Rohan, duc de Montbazon, voici le *Jean de Nivelle* qui courut :

> Un gros homme en son village
> S'est mis dans le cocuage :
> C'est le duc de Montbazon.
> Il crut prendre une pucelle.....
> Qu'en dis-tu Jean de Nivelle?
> Tout le monde dit que non? (1).

Nous avons vainement cherché la chanson de Jean de Nivelle dans le Recueil de M. de Coussemaker : *Chants des Flamands de France*, et dans le Recueil des *chansons Wallonnes*, publiées par Dejardin, dans les *Chants historiques flamands* de Bæcker, etc. Ce qui nous fait supposer que cette chanson a été faite plutôt à Paris, par les soudards de Louis XI, qu'à Nivelle même, et qu'elle n'a jamais été bien répandue dans cette dernière localité, voire même connue ; que ce ne sont donc pas nos soldats qui la rapportèrent du Brabant, comme le dit Du Mersan ; mais qu'ils l'y importèrent peut-être.

Philippe de Commines, dans ses *Mémoires*, ne parle pas de Jean de Nivelle, il ne cite pas davantage Jean de Montmorency, quoiqu'il s'étende assez longuement sur la guerre du *bien public*.

Pour en revenir à la paternité de la chanson de Jean de Nivelle, nous observerons que, dans l'édition faite à Caen, seulement trois ans après celle d'Estienne de Bellone, il n'est fait aucune mention de ce dernier : l'air et la chanson se trouvent dans ce recueil au même titre que les autres, celui de leur popularité, qui les sauva de l'oubli.

(1) *Ch. Nisard*, des *Chansons populaires*, etc., t. I, p. 348, d'après les *Historiettes* de *Tallemant des Réaux*.

NOTICE SUR LA CONTRE-BASSE

PAR J.-B. WEKERLIN.

Dès le début, nous avertissons nos lecteurs qu'on ne connaît point l'inventeur de la contre-basse, quoique ce soit un instrument presque moderne, puisqu'il n'a tout au plus que deux siècles d'existence. Ce géant sonore et majestueux a dû voir le jour sans beaucoup de bruit, peut-être même l'a-t-on regardé d'abord comme un monstre, ou comme l'erreur fantastique d'un luthier.

Si la contre-basse n'est pas très-ancienne, il ne faut pas s'en étonner : cet instrument est né par suite des exigences et des enrichissements successifs de l'harmonie et de la sonorité.

Les instruments primitifs étaient des lyres, des flûtes, dont s'accompagnaient les anciens peuples. Peu à peu, et les arts se perfectionnant, cet orchestre de l'âge d'or a pris de l'extension, s'est complété, lentement par exemple.

Car, sans remonter au roi David et à ses trois mille harpistes, auxquels l'adjonction d'une centaine de contre-bassistes n'eût pas nui, certes, ce n'est guère que dans le XVIe siècle que nous voyons apparaître un rudiment d'orchestre, et encore. Même du temps de Lulli, fin du XVIIe siècle, l'orchestre n'avait que peu d'instruments ; aussi était-il sourd et incolore. La contre-basse ne devint nécessaire qu'à mesure que l'orchestre se constitua et se perfectionna, alors seulement le besoin de cette basse virile se fit sentir ; jusque là, nous le répétons, cette instrument n'aurait eu aucun but, aussi n'y a-t-on pas songé.

Quelques auteurs ont émis l'opinion que le mot *contre* a été ajouté à la basse, en opposition au violon : le *mi* du violon étant représenté par un *sol* sur la contre-basse et le *sol* du violon étant reprèsenté par un *mi* sur la contre-basse, c'est chercher bien loin une chose fort simple.

Que la contre-basse soit un enfant du violon, un enfant qui a pris de l'embonpoint, cela n'est pas douteux. Cette vérité fait dire à l'abbé Sibire dans sa *Chélonomie* (1) : « Le violon est la racine des instruments à sons filés, qui n'en sont que des dérivés, c'est-à-dire des violons plus ou moins grands, depuis la pochette du maître à danser jusqu'à la contrebasse. L'archi-luth ne dut être jadis qu'un luth plus gros et plus allongé. Si jamais il prend fantaisie à un musicien de commander, ou à un lu-

(1) *La Chélonomie*, ou le parfait luthier, par l'abbé Sibire, ancien curé de Saint-François-d'Assise, à Paris. 1806.

thier de construire une archi-contre-basse, c'est-à-dire un instrument gigantesque, l'inventeur du violon ou sa cendre, si elle se ranime, aura droit d'en revendiquer la découverte (1). »

Jean Rousseau n'est pas tout à fait de l'avis de M. Sibire, car il dit que la viole (2) est le plus parfait de tous les instruments, et que si Adam, le premier homme, avait voulu faire un instrument, il aurait fait une viole.

Après avoir cité ces apologistes enthousiastes du violon et de la viole, nous nous écarterons un peu de l'avis de l'un et de l'autre, en donnant la *viola da gamba* comme origine du violoncelle, et par suite de la contre-basse.

Cette *viola da gamba* représentait à peu près le violoncelle de nos jours ; on le tenait entre ses jambes, comme son nom l'indique, et tel qu'on le voit dans le tableau des *Noces de Cana* par Paul Véronèse, peintre qui a vécu de 1532 à 1588.

Il y avait dans la famille des violes non-seulement la *viola da gamba* mais un *contra-basso da gamba*, appelé aussi *violone*.

L'un des promoteurs, sinon l'inventeur des basses de viole et des contre-basses de viole paraît être *Gasparo da Salo,* qui en construisit dès 1560 à Brescia (3).

Un plus ample renseignement se trouve dans la *Biographie des musiciens* par M. Fétis (1865), à l'article *Todini,* page 235. Après avoir parlé de la *dichiaratione della galleria armonica* (1676), ouvrage dans lequel Todini décrit les instruments et les machines qu'il avait réunis, nous voyons à l'analyse du 23e chapitre : On y trouve la description d'une viole *tétraphone* dont le mécanisme permettait d'y jouer à volonté, et sans démancher, les quatre espèces de violes, c'est-à-dire le *soprano* ou *pardessus de viole,* le *contralto* ou *viola bastarda,* le ténor et la basse de viole. « Todini avait donné à la partie grave de cet instrument une étendue beaucoup plus grande ; mais il y renonça par la suite, parce qu'il inventa la contre-basse à quatre cordes qu'il joua lui-même dans les oratorios, dans les concerts et dans les sérénades. Jusqu'en 1670, la partie de contre-basse était jouée par l'*archiviole,* montée de sept cordes à l'octave grave de la basse de viole, avec des cases pour poser les doigts, ou par la grande viole appelée *lyra* ou *accordo.* Les contre-basses de Gaspardo de Salo et autres anciens maîtres qu'on possède, sont ces

---

(1) Ce rêve a été réalisé, en 1855, par M. Vuillaume, qui exposa une *contre-basse monstre* (octobasse) ; un clavier et un pédalier abaissent sur les cordes des doigts de fer ; la main droite tient l'archet.

(2) *Traité de la viole,* par Jean Rousseau, maître de musique et de viole, Paris, Ballard, 1687, pet. in-8°,

(3) *Fétis ; Antoine Stradivari,* Recherches historiques, etc. Paris, 1856, in-8.

mêmes instruments dont on a changé le manche et le système de monture. »

Quand M. Fétis dit que *Todini inventa la contre-basse à 4 cordes*, il ne se souvenait sans doute pas qu'il avait déjà doté de cette invention Gaspardo de Salo ; de plus nous voyons dans les *Recherches sur les facteurs de clavecins et les luthiers d'Anvers depuis le* xvie *au* xixe *siècle de M. le chevalier Léon de Burbure* (Bruxelles 1863, in-8°), qu'en 1636 maître Daniel, luthier, construisit une contre-basse avec son étui, pour la chapelle du Saint-Sacrement à la cathédrale d'Anvers.

Antérieurement à cette date, on lit dans la *Syntagma* de Prætorius (1619), (1) : Dans ces derniers temps on a construit deux très grandes violes da gamba ; en les employant, les autres basses en usage jusqu'ici peuvent exécuter les parties de ténor ou d'alto.

Santo Magini (2), luthier à Brescia au xviie siècle, se distingua surtout par ses contre-basses, qui sont renommées en Italie comme les meilleurs instruments de ce genre (3).

Après l'école de Brescia, en fait de lutherie, vient celle de Crémone, fondée par André Amati vers le milieu du xvie siècle. Il existait dans le mobilier de la chapelle royale une collection de violons et de violes qui avaient été faits par André Amati, à la demande de Charles IX, amateur passionné de musique. Après les journées du 5 et 6 octobre 1790, tous ces instruments disparurent de Versailles (4).

Nicolas Amati, fils de Jérôme et neveu d'André, est le plus célèbre des Amati, il naquit en 1596 et mourut en 1684.

La lutherie italienne maintint sa juste célébrité a travers le xviiie siècle, et c'est elle qui a dû faire les premiers patrons de la contre-basse, en modifiant ses *violone*.

Voici ce que nous apprend *Brossard* dans son *Dictionnaire de musique*, édition originale in-fol. de 1703, à l'article *violone :* « C'est notre basse de violon, ou pour mieux dire c'est une double basse, dont le corps et le manche sont à peu près deux fois plus grands que ceux de la *basse de violon* à l'ordinaire, dont les cordes sont aussi à peu près plus longues et plus grosses deux fois que celles de la basse de violon, et le son par conséquent est une octave plus bas que celui des *basses de violon* à l'ordinaire. Cela fait un effet tout charmant les accompagnementset dans dans les grands chœurs (5), et je suis fort surpris que l'usage n'en soit pas plus fréquent en France. »

(1) *Prætorius, Syntagma musicum*, etc., tome II, 46, Wittenberg, 1615 à 1619, in-4°.

(2) Il ne faut pas confondre *Santo Magini* avec *Jean-Paul Magini*, auteur des fameux violons. Ce luthier travaillait à Brescia, entre 1590 et 1640.

(3) *Fétis ; Antoine Stradivari*, p. 54.

(4) Ibid.

(5) L'expression de *grand chœur* signifiait *tutti*, à cette époque.

L'Italie et l'Allemagne se servaient alors depuis longtemps déjà de la contre-basse.

J. *Mattheson* dans son *Nouvel orchestre dévoilé* (2), 1713, dit à propos de la contre-basse : « Ce doit être une véritable besogne de cheval que de tenir ce monstre entre ses mains pendant trois ou quatre heures de suite. »

L'orchestre de Lulli, et antérieurement, n'avait point de contre-basse, c'étaient les violoncelles et les basses de viole qui faisaient la partie grave, et une espèce de contre-basse de viole (*violone*) montée de 9 cordes minces ; les choses restèrent dans cet état jusqu'en 1730. » (Fétis, *Revue musicale*, tome I).

Le violoncelle lui-même, d'après M. Fétis, n'aurait été introduit en France que peu de temps avant la mort de Lulli, par *Batistini* de Florence, connu sous le nom de Jean Stuck.

Montéclair, compositeur né en 1666 à Chaumont, est désigné comme le premier musicien qui joua de la contre-basse à l'orchestre de l'Opéra, (il n'y en avait qu'une alors). Durey de Noinville, dans le tome II de son *Histoire du théâtre de l'Opéra en France* (1753), nous dit : « Montéclair se fit connaître à Paris vers l'an 1700. Il entra dans l'orchestre de l'Opéra, où il fut le premier qui joua de la contre-basse, instrument qui n'avait point encore été admis, et qui fait un si grand effet dans les chœurs. »

Nous remarquerons que cette note contredit l'assertion de M. Elwart dans son *Petit traité d'instrumentation* (1862), quand il met que la contre-basse a été introduite pour la première fois à l'Académie royale de musique en 1756 par Gélinek, célèbre artiste allemand. Du reste, M. Elwart se contredit lui-même à cette occasion, car dans ses *Études élémentaires* publiées en 1838, il avançait qu'un artiste de talent, Mondonville, joua le premier de la contre-basse à l'Académie royale de musique en 1710.

Ces deux dates sont à rectifier, ainsi que le nom de Mondonville, à la place duquel il faut lire Montéclair.

En 1757 il n'y avait toujours qu'une seule contre-basse dans l'orchestre de l'Opéra, et l'on ne s'en servait que le vendredi, qui était le beau jour de ce théâtre (cette tradition aristocratique du vendredi existe encore aujourd'hui). Gossec fit ajouter une seconde contre-basse à l'orchestre de ce théâtre ; Philidor en mit une troisième pour la première représentation de son opéra d'*Ernelinde*, et successivement le nombre de ces instruments s'est augmenté jusqu'à huit (2).

(1) *Das neu eræffnete Orchestre, durch J. Mattheson*. Hamburg, 1713, trois vol. in-12, tome I, p. 236.

(2) *La musique mise à la portée de tout le monde*, par Fétis.

J.-J. Rousseau, dans son *Dictionnaire de musique*, écrivait en 1767 : « De tous les orchestres de l'Europe, celui de l'Opéra de Paris, quoiqu'un des plus nombreux, est celui qui fait le moins d'effet. »

Parmi les nombreuses raisons qu'il donne pour justifier son dire, il y a celle-ci : « Pas assez de contre-basses et trop de violoncelles, dont les sons, traînés à leur manière, étouffent la mélodie et assomment le spectateur. »

Dans l'origine et jusque il y a cinquante ou soixante ans, l'accord de la contre-basse était une si grande affaire, qu'avant la représentation le luthier venait remplir cette besogne ; les chevilles étaient alors montées à cliquet, tandis qu'en Allemagne on avait depuis longtemps déjà la vis sans fin, appliquée à la contre-basse à Berlin en 1778 par Bachmann.

Nous nous rappelons même avoir vu en Alsace les contre-basses avec de simples chevilles.

Un avocat au parlement, M. Domenjoud, avait proposé l'application de vis de rappel, posées parallèlement au manche et adaptées à son extrémité. Cette idée qu'on trouve développée dans une plaquette intitulée : *De la préférence des vis aux chevilles pour les instruments de musique*, etc., Paris 1757, peut bien avoir aidé Bachmann dans son invention. Dans le système de M. Domenjoud l'action de la vis était directe, tandis que Bachmann y a joint l'intermédiaire de la *vis sans fin*, dont il n'était d'ailleurs pas l'inventeur.

D'après le *Dictionnaire Encyclopédique des sciences musicales de G. Schilling*, Bachmann ne produisit son invention qu'en 1792 et non en 1778, comme on l'affirme généralement.

Nous ignorons si le perfectionnement de M. Domenjoud, revêtu d'un rapport favorable de l'Académie des sciences le 1er décembre 1756 a fait fortune ; la question pratique n'avait pourtant pas été négligée, car sa brochure est complétée par l'avis suivant : « Ceux qui voudront profiter de la commodité de cette invention, pourront s'adresser au sieur Gaviniès, maître luthier à Paris, rue St-Thomas-du-Louvre. Il mettra des manches entiers, ou fera l'amputation des vieux au-delà du sillet du côté des chevilles, sans toucher au reste de l'instrument, et y entera très-proprement les nouveaux, tant aux violons qu'aux violoncelles, basses, contre-basses, violes, etc. Il mettra aussi des vis aux clavecins, si on s'y détermine. »

Albrechtsberger, dans son *Traité d'harmonie*, publié en 1790 à Leipzig, dit que le *violone* ou contre-basse a généralement 5 cordes : *fa, la, ré, fa dièse, la*, en partant du grave. Il ajoute : il y a encore une autre espèce de *violone* qui n'a que 4 cordes : *sol, la, ré, sol* ou *fa, la, ré, sol*, mais cet instrument ne s'emploie guère. La contre-basse avait alors sur sa touche un sillet pour chaque demi-ton, à l'instar de la guitare.

N'est-il pas remarquable de voir les premières contre-basses appor-
tées d'Italie et d'Allemagne, montées toutes à 4 cordes, accordées par
quartes. Cette observation, faite en 1829 par Gélinek, artiste de la chapelle du roi, prouve une fois de plus combien les innovations ont de la
peine à déraciner la vieille routine, puisqu'on a abandonné la contre-
basse à 4 cordes pour la mettre à 3, et enfin revenir, presque de nos
jours, aux 4 cordes.

M. Gélinek continue ainsi (1) : « Si l'on ne pratique pas cet instrument comme dans son origine, il est naturel de penser que les violon-
cellistes, ne trouvant pas d'emploi dans les orchestres pour leur instrument, prirent la contre-basse, l'accordèrent par quintes, pour ne pas
déranger le système d'intervalle de la basse, tel qu'ils l'avaient appris,
et supprimèrent la quatrième corde qui ne peut descendre à l'*ut*. D'ailleurs, la musique française, à cette époque n'étant pas aussi compliquée
qu'elle est maintenant, il était très facile de l'exécuter avec la contre-
basse à 3 cordes, accordée par quintes, ce qu'il est très fatiguant, et
souvent impossible de faire aujourd'hui. »

Il y avait alors des musiciens qui accordaient par quartes leur contre
basse à trois cordes, c'est-à-dire, en partant de la note grave : *la, ré,
sol*. Gélinek propose d'ajouter un *ut* à l'aigu. De plus, l'archet étant
très-court alors (1829), il est d'avis de l'allonger, en changeant la manière de le tenir, et s'appuie de l'exemple de Dragonetti qui, à ce qu'il
paraît, fut l'inventeur de cette nouvelle manière de tenir l'archet.

Tout le monde connaît les tours de force de Dragonetti, jouant avec
Viotti des duos de violon, où il remplissait alternativement la première
et la seconde partie sur sa contre-basse. Le contre-bassiste allemand
Kæmpfer en faisait autant; de plus, quand il allait en voyage, il démon-
tait son *goliath*, moyennant vingt-six vis, et le remettait en état dans
un clin d'œil (2).

Quant aux tours de force sur la contre-basse, notre contemporain
Bottesini, peut rivaliser avec ses prédécesseurs.

Voici une date que nous fournit M. Fétis dans sa *Revue musicale*,
juin 1827 : « M. Cherubini vient d'établir une classe de contre-basse
à l'école royale de musique (3).

On attribue également à Cherubini l'introduction de la contre-basse à

(1) *Note sur la contre-basse*, par *Gélinek*, *Revue musicale*, de Fétis, tome V, p. 169.
(2) *Welcker von Gontershausen*, die musikalische Tonwerkzeuge, etc. Francfort, 1855.
(3) On trouve au Conservatoire, dans un registre autographe de Chérubini : « *Chenié*,
« professeur de contre-basse, lequel est entré en fonctions au 1er juillet 1827, ayant été
nommé le 23 mai même année.

Les premiers élèves inscrits sont : Durier, Croizier, Dubarle, Bagna. Hémet, Mouillard,
Guillion.

4 cordes à l'orchestre de la *Société des concerts*, après s'être aperçu que le trait de ces instruments dans la symphonie en *ut* mineur de Beethoven lui avait produit un meilleur effet en Allemagne sur des contrebasses à 4 cordes.

M. Gouffé a notablement contribué à propager cet utile emploi des 4 cordes. Voici, à ce propos, la note que nous trouvons dans la *Gazette musicale de Leipzig*, septembre 1839 : « En France on continue généralement à accorder la contre-basse par quintes, quoique bien des artistes reconnussent l'avantage d'accorder par quartes, et attribuent à cela la supériorité des contre-bassistes allemands sur les français. Cherubini et Habeneck se sont prononcés complétement en faveur de l'accord usité en Allemagne, et dernièrement un certain M. *Gouffé* a publié là dessus une brochure intitulée : *Traité sur la contre-basse à 4 cordes*, d'après lequel on doit réformer la classe de contre-basse au Conservatoire à Paris ».

Rossini les réclamait aussi quand on monta son *Siége de Corinthe*.

Se douterait-on que ce gros instrument se trouve être un type de gaîté dans un proverbe allemand : *Er glaubt der Himmel hængt voll Bassgeigen*, il *s'imagine* (en parlant d'un homme heureux), *que le ciel est garni de contre-basses*. Cette figure doit avoir pour origine ce joyeux temps fort, marqué dans la valse par la contre-basse.

La supériorité de la contre-basse à 4 cordes sur celle à 3 ne se discute plus de nos jours; sans parler des trois notes qu'on gagne dans la grave, le doigté est infiniment meilleur et se prête à des passages plus difficiles. Bottesini n'est pas de cet avis (voyez l'introduction de la *Grande méthode de contre-basse* qu'il vient de publier). Bottesini, préconisant la contre-basse à 3 cordes, peut avoir raison au point de vue du virtuose, mais les ressources immenses de la quatrième corde à l'orchestre, nous le répétons, ne se discutent plus.

L'accord de la contre-basse a subi bien des variations, en tenant compte, bien entendu, du nombre différent de ses cordes. La contre-basse à 3 cordes est presque toujours indiquée *Sol, ré, la* (1) ; pourtant nous voyons dans le traité de *Frœhlich* (2), *La, re, sol*. Dans ce même traité il y a : *Fa, la, re, fa dièse, la*, pour la contre-basse à 5 cordes (disparue de nos jours); nous y remarquons également *Sol, do, fa, la*, puis enfin *Mi, la, re, sol*, qui est le plus répandu pour les contre-basses à 4 cordes. En Angleterre, on se sert de la contre-basse à trois cordes.

Dans sa *Revue musicale* de 1827, M. Fétis cite l'accord suivant pour

---

(1) Nous partons toujours de la note grave, dans ces indications d'accords, en la désignant par une majuscule.

(2) *Vollstaendige theoretisch-pracktische Musik Schull für alle beim Orchester braeuchliche wichtigere Instrumente*. Bonn, Simrock. — 1810-1811.

les contre-basses allemandes 4 cordes : *La, re, sol, do ;* il est assez bizarre que *Fræhlich* ne l'ait point donné dans son traité.

On accorde quelquefois la corde grave *Mi* en *mi b* ou *ré ;* Berlioz, dans son traité d'orchestration, parle même de l'*ut* grave, mais à cette profondeur il faut convenir que le son est peu distinct.

Dans le *Manuel de musique* (édition Roret), publié par Choron et Ad. de Lafage (1836), les auteurs observent que l'accord de la contre-basse est *La, ré, sol ;* puis, ils mettent dans une note que cette manière de monter la contre-basse n'est usitée ni en France ni en Allemagne, et qu'elle a l'inconvénient de priver l'instrument de trois notes fort essentielles dans le grave, savoir *sol, sol dièse.* Hors d'Italie on monte les contre-basses par quintes, à partir du *sol* d'en bas. La manière italienne n'a d'autre avantage que de faciliter l'exécution des traits difficiles. »

Plus loin, nous lisons dans le même manuel : « Je n'ai parlé que de la contre-basse à 3 cordes, parce qu'elle est aujourd'hui la seule en usage : elle est accordée *Sol, re, la.* »

En 1839, un professeur de physique du collége ou séminaire de Corbigny inventa une contre-basse qui se jouait de la façon suivante : la main droite tenait l'archet, tandis que la gauche s'évertuait sur un clavier correspondant avec les cordes : il paraît que cette idée n'a pas fait fortune. M. Vuillaume connaissait-il cette invention ?

Ce n'est pas la grâce ou le charme qu'il faut demander à la contre-basse, mais bien l'énergie, la majesté : dans un crescendo aucun instrument ne peut la remplacer.

Comme instrument solo, la contre-basse paraît rarement : le virtuose est une exception.

L'accord de cet instrument se fait généralement par les sons harmoniques, plus distincts à l'oreille.

Nous terminerons ce petit aperçu historique sur la contre-basse, par la petite phrase apologétique, empruntée à l'ouvrage de Castil Blaze, de *l'Opéra en France* : « La contre-basse est le fondement des orchestres ; rien ne saurait la suppléer : soit qu'elle conserve sa marche grave et sévère, soit qu'entraînée par la violence des passions, elle se joigne aux autres instruments pour les exprimer, la richesse de ses sons, un rhythme plein de franchise et de pompe, et surtout l'ordre admirable qu'elle porte dans les masses harmoniques, signalent partout sa présence. »

Typ. Charles de Mourgues frères. rue J.-J. Rousseau. 58.

TABLEAU SYNOPTIQUE

indiquant la transformation des neumes en notes carrées du XII.ᵉ siècle

Neumes générateurs	Composés	Virgule (accent aigu)..	
		Point (accent grave).	
	Simples	Clivus (accent circonflexe grave)	
		Podatus (accent circonflexe aigu).	
Neumes dérivés	Liés	Formés du clivus uni au podatus.	
		Formés du podatus uni au clivus	
	Conjoints	Scandicus (virgule précédée de 2 ou 3 points).	
		Climacus (virgule suivie de 2 ou 3 points)	
Neumes d'ornement	Simples	Oriscus (plique longue descendante).	
		Gnomo (plique longue ascendante)	
		Porrectus (plique brève descendante)	
		Franculus (plique brève ascendante).	
	Composés	Quilisma	

Les manuscrits d'où ont été extraits les principaux signes de ce tableau sont : l'Antiphonaire de S.ᵗ-Gall, du VIII.ᵉ siècle ; le Rouleau de la Bibl. de la Minerve, à Rome ; le Rituel de Monza, le Missel de Worms ; la lettre de Réginon de Prum à Rathbode, de la Bibl. royale de Bruxelles ; l'Antiphonaire de Montpellier, du IX.ᵉ siècle ; le Missel d'Aquilée, de la Bibl. de Santa-Croce, et celui de la Bibl. Ottobona, coté N.ᵒ 576, du X.ᵉ siècle ; le Missel, daté de 1044, de la Bibl. Vallicellane ; l'Antiphonaire des Archives de Monza, et plusieurs autres de la Bibl. nationale de Paris, du XI.ᵉ siècle ; des Missels, des Antiphonaires et d'autres livres liturgiques des bibliothèques d'Italie, de France et de Belgique, du XII.ᵉ siècle.

23 bis.

7

Audi — tellus audi magni maris limbus audi homo audi omne quod vivit sub sole nemo prope est

dies irae summi premae dies iniusta dies amara qua coelum fugiet sol erubescet et luna mutabitur dies nigrescet —

sidera supra terram cadent — heu miseri heu miseri quid homo ineptam sequeris leticiam —

Bene fundata hactenus mansit terra tunc vacillabit velut maris unda — non erit civitas non castella non turres

in quibus vana nunc spes exultat — siccabuntur flumina mare non erit kaos imane os denudabit tartarus

oriens vabit heu miseri Cuncte gentes velut lignum arescent — erit robur mille undique terrores undique

formidinis undique luctus undique clades tunc dicent montibus operite nos collibus et abscondite nos ocius talia cernere

non possumus heu eu Dies illa tam amara tam tremenda dies illa dira nunciabit signa rugies et maria sicut leo insiliunt

littori nova mandabunt prelia cum meatu nam uni ibunt in interitum non transmarine querentur mercis

eius pontum et terra metiens heu Erunt signa in sole et luna et stellis gentium pressura internis surget gens

in gentem et regnum contra regnum et terremotus magni per loca pestilentia et fames de caelo terrores et bella —

et amor vix ulla fides dividens dulces separata fratres heu Fraus dolus et dira cupido iam regnat in toto mundi

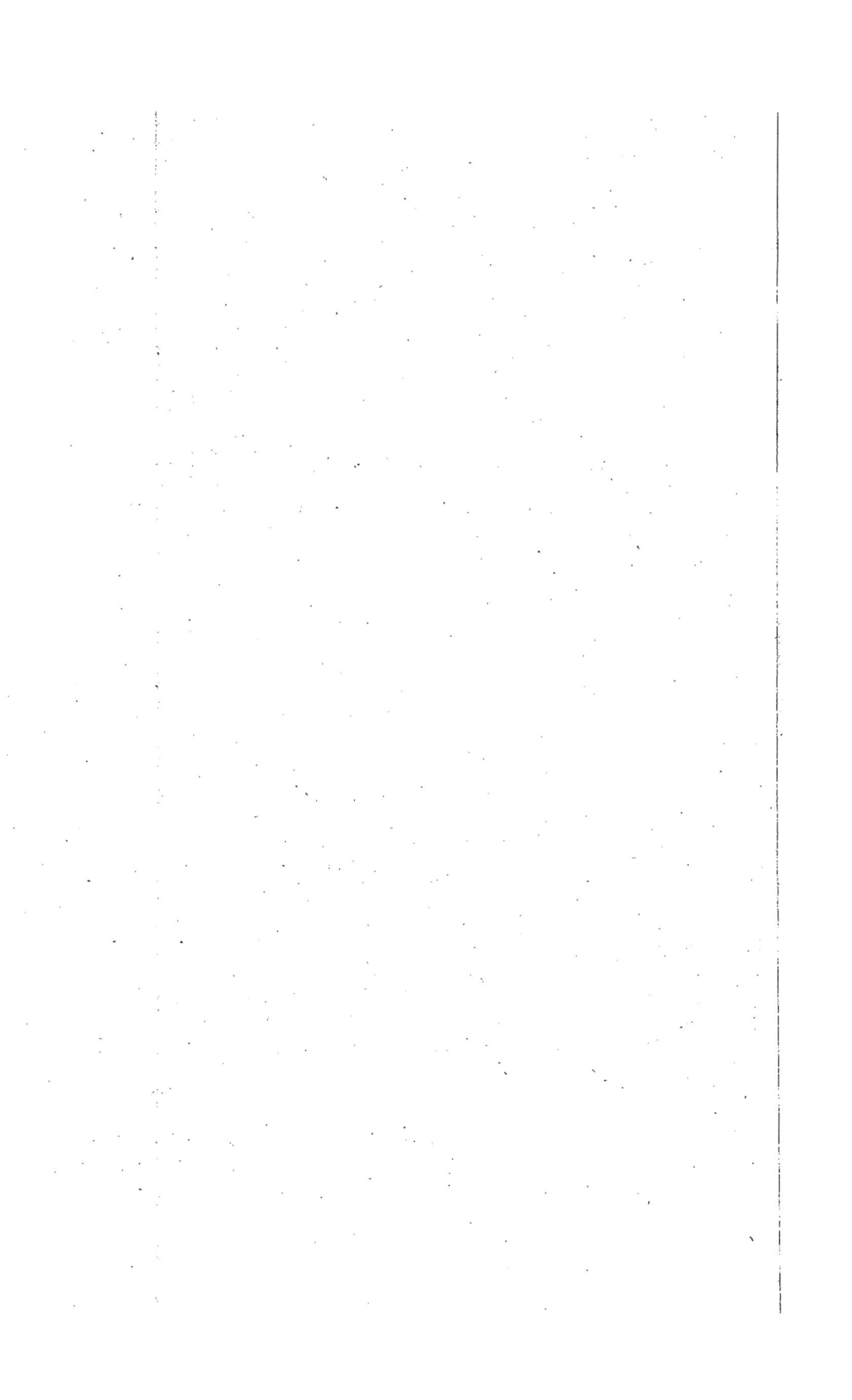

HISTOIRE DE L'IMPRESSION DE LA MUSIQUE, PRINCIPALEMENT EN FRANCE.

PAR J. B. WEKERLIN.

(1re *partie*).

Avant de parler des moyens de reproduction de la musique par l'impression ou la gravure, il est nécessaire de dire un mot des plus anciennes notations parvenues jusqu'à nous. Ce sujet ne sera qu'effleuré, quoiqu'il soit l'introduction naturelle et même indispensable de cette étude. On trouvera d'ailleurs, dans le *Bulletin* du 22 décembre dernier, des détails plus étendus sur les notations, dans l'intéressant mémoire de M. Gevaert.

« Les peuples les plus anciens de l'Orient ont laissé des monuments qui constatent que la notation musicale était employée chez eux dès les temps les plus reculés de l'histoire. De temps immémorial aussi, les habitants de l'Inde et de la Chine ont écrit leurs chants avec des signes de notation pris dans l'alphabet ou dans les caractères radicaux de leur langue » (1).

Nous n'avons malheureusement pas de documents sur la notation de l'ancienne Égypte, quoiqu'il soit permis de croire que ses habitants possédaient des caractères pour exprimer les inflexions de la voix (2).

Les Grecs notaient la musique avec les caractères de leur alphabet; selon Forkel, ils employaient pour cela plus de mille six cents vingt signes différents. D'après les recherches récentes de M. Westphal et d'autres savants, ce chiffre paraît être très-exagéré.

De toute façon, les Romains ont été plus sobres que leurs modèles, et, selon Boèce (ve siècle), l'ancienne notation latine ne se composait que des quinze premières lettres de l'alphabet.

Saint Grégoire se servit de ce système pour son *Antiphonaire* (comme avait fait *saint Ambroise*); il le simplifia, en ce sens, qu'il ne fit usage que des sept premières lettres, qu'on répétait en caractères minuscules pour désigner l'octave supérieure (3).

Cette notation par lettres fut suivie d'une autre appelée *neumes:* c'est

(1) E. de Coussemaker, *Histoire de l'harmonie au moyen âge*, p. 150.
(2) *Lettre à M. Dacier, relative à l'alphabet des hiéroglyphes phonétiques employés chez les Égyptiens, etc.*, par Champollion jeune. Paris, Didot, 1822.
(3) Danjou, *Revue de la musique,* année 1847, p. 260.

1

une combinaison de virgules, de points et de petits traits diversement contournés, séparés ou liés entre eux (voyez pl. 1re). D'après M. Danjou : « on appelait *neume, neuma* ou *neoma* un signe *simple* ou *composé* qui représentait, dans le premier cas, un son isolé ou la réunion de deux sons; dans le second, trois, quatre, cinq et même six sons. Le principe même de la notation en neumes consistait dans de certaines règles ou formules pour grouper plusieurs sons et les figurer par un seul signe, et c'est ce principe qui a donné lieu plus tard à l'emploi des notes liées dans la notation de la musique mesurée. »

Quant à l'origine des neumes, M. de Coussemaker la fait dériver des *accents*, qui sont la modification de la voix dans le ton et la durée; selon lui, l'honneur de cette invention revient aux Grecs, et il la fixe à une époque voisine de l'ère chrétienne.

Le plus ancien livre connu de *chant noté* paraît être l'*Antiphonaire de saint Gall* (fin du VIIIe siècle); on ne peut donc assigner qu'une époque approximative à la naissance des neumes.

Un fait, confirmé par les monuments, c'est que, même après l'apparition du système de notation attribué, à tort ou à raison, au moine de Pompose *Guido d'Arezzo*, qui écrivait à la fin du Xe siècle, on continuait à noter en *neumes primitifs* durant les XIe et XIIe siècles. Cela n'a rien d'étonnant : tout perfectionnement, quelqu'utile ou quelque réel qu'il soit, met souvent des siècles à remporter la victoire sur la routine. Il faut considérer également que, au temps de Guido, les livres de science ou les livres en général, n'existant qu'à l'état de manuscrits, ne pouvaient se répandre vivement et acquérir par là une popularité méritée.

Les *neumes primitifs* écrits sans lignes et sans clés, comme on en voit des exemples dans la pl. 1re, subissent un perfectionnement au commencement du Xe siècle par l'addition d'une ligne horizontale (voyez pl. 2), qui, ayant une note fixe comme point de départ, assignait aux autres notes une hauteur déterminée (1). L'apparition de cette ligne unique, à laquelle Guido ajouta successivement trois autres lignes, peut être considérée comme l'origine de la *portée* qui sert actuellement à la notation musicale.

Guido fait aussi précéder l'une de ses lignes additionnelles de la lettre F, indiquant la clef de *fa*, et de la lettre C (clef d'ut), ce qui était sans contredit un grand perfectionnement.

A partir de l'époque de Guido d'Arezzo, les neumes subissent une transformation caractéristique, en se convertissant en notes carrées.

---

(1) Je dois à la gracieuse obligeance de M. de Coussemaker ces deux planches de *neumes* tirées de son *Histoire de l'harmonie au moyen âge.*

Toutes les notations dont il vient d'être question avaient probablement une valeur de durée en même temps qu'elles exprimaient des intonations ; mais les recherches des savants s'accordent bien moins là-dessus qu'en ce qui concerne l'intonation.

Francon de Cologne, qui vivait au XIᵉ siècle, parle un des premiers, sinon le premier, d'un chant mesuré. A partir de là apparaît cette tête de Méduse : *la notation proportionnelle*, accumulation de systèmes plus bizarres les uns que les autres, qui ont mis à la torture l'esprit des savants.

Hâtons-nous de dire cependant que les publications érudites de MM. Fétis, Nisard, Danjou, de Coussemaker, Tesson, des abbés Cloet et Raillard, etc., ont répandu un grand jour relatif sur ces questions ardues. M. de Coussemaker a eu la patience de classer et de commenter ces systèmes avec un talent incontestable. Il faut citer également en ce lieu les travaux estimés du Père Lambillotte, savant jésuite, qui n'a eu que le tort de composer de la musique.

Dans le courant du XVIᵉ siècle, on simplifia la notation ; mais ce n'est que vers la fin de ce même siècle qu'on la débarrassa de ces combinaisons ridicules que les compositeurs y avaient introduites comme à plaisir.

Nous arrivons à la reproduction de la musique par l'impression, véritable objet de ce mémoire.

La gravure sur bois, quant aux images, avait précédé de longtemps l'impression des lettres isolées : on conserve même à la bibliothèque royale de Bruxelles une de ces gravures datée de 1418. Elle représente la Vierge et l'Enfant-Jésus.

Sur ces anciennes gravures se voient quelquefois des lettres ou mêmes des phrases entières de texte ; mais ces lettres ou ces phrases sont gravées d'une pièce et non en caractères isolés. La *xylographie* a dû nécessairement amener l'imprimerie par l'analogie du procédé ; mais l'idée des caractères isolés était un trait de génie.

L'immense influence que l'invention de l'imprimerie exerça sur les progrès de la littérature, des sciences, et par suite sur la civilisation, s'étendit aussi à la musique, qui eut sa glorieuse part au soleil. On peut s'en rendre compte par la prodigieuse quantité d'ouvrages sur la musique, parus dans le courant du XVIᵉ siècle (1).

En 1765, Fournier le Jeune publia un *Traité historique et critique*

(1) Forkel, dans son *Histoire de la Musique*, t. II, p. 518, observe que l'ouvrage de Tinctorius, *Terminorum musicæ diffinitorium*, publié selon lui en 1483 (selon M. Fétis

sur l'origine et les progrès des caractères de fonte pour l'impression de la musique. Cet in-4° est le premier jalon posé en France touchant cette question ; aussi a-t-il été largement utilisé (en ce qui concerne l'impression de la musique en France) par M. *Anton Schmid* dans son ouvrage intitulé : *Ottaviano dei Petrucci da Fossombrone, der erste Erfinder des musiknotendruckes mit beweglichen metalltypen,* etc., C'est-à-dire : *Octavien Petrucci, le premier inventeur de l'impression des notes de musique avec des typês mobiles en métal,* etc. Vienne, 1845.

Ce volume in-8° est le plus important qu'on ait publié jusqu'à ce jour concernant la musique imprimée ; il est fait avec autant de conscience que de patience et d'érudition.

M. Schmid attribue à Pétrucci seul l'invention des caractères mobiles de la musique. Observons d'abord que cette invention n'était qu'une conséquence forcée de l'invention de l'imprimerie.

Il eut été bien étonnant que ces artistes de talent nommés *Guttemberg, Schoffer* et *Fust* n'eussent pas songé aux caractères de musique à une époque où les ouvrages théologiques étaient en si grande estime, ce que témoignent d'ailleurs les premières impressions sorties de la main de ces hommes de génie.

En effet, nous voyons apparaître dès 1457 un *Psautier* in-folio, imprimé sur vélin, en caractères gothiques. Il est dû à *Jean Fust* et *Pierre Schoffer* (1) ce que témoigne la souscription suivante, qui se trouve à la fin de l'ouvrage :

Presens spalmorum (sic) *codex venustate capitalium decoratus rubricationibusque sufficienter distinctus, ad inventione artificiosa imprimendi ac caracterizandi absque calami ulla exaratione sic effigiatus et ad Eusebiam* (2) *dei industrie est consummatus, per Johannem Fust civem Maguntinum et Petrum Schoffer de Gernszheim,*	Le présent recueil (ou livre) de psaumes, décoré par la beauté de ses majuscules, et suffisamment rendu clair par des rubriques (3), a été ainsi exécuté selon l'ingénieuse invention d'imprimer et de faire des caractères sans aucun travail à la plume, et parachevé industrieusement pour favoriser la piété envers Dieu, par Jean

en 1476) est probablement le premier ouvrage imprimé sur la musique. C'est toujours le plus ancien dictionnaire de musique connu ; il ne renferme pas de notes de musique.

(1) Ce nom se présente avec de nombreuses variantes d'orthographe ; ainsi on trouve *Schœffer, Schoffer, Schaeffer, Schoiffer, Schoifher.* Dans les deux éditions en question, du Psautier, il est constamment écrit *Schoffer.*

(2) *Eusebiam,* mot latin inusité, reproduction du grec Ευσέβεια.

(3) Parties imprimées en rouge.

| *anno domini millesimo* CCCCLVIJ *in vigilia Assumptionis.* | Fust, citoyen de Mayence, et Pierre Schoffer de Gernsheim (1), en l'an du Seigneur mille quatre cent cinquante-sept, la vigile de l'Assomption. |

C'est le premier livre imprimé *avec date certaine*, et probablement l'un des premiers imprimés avec des caractères mobiles en fonte, les impressions antérieures s'étant faites avec des caractères en bois.

Dans ce Psautier *noté*, les portées ont cinq lignes généralement, quelquefois quatre; la notation ainsi que les portées sont à la main; on n'avait donc pas encore de caractères de musique pour la typographie; car, en s'en servant, on eût considérablement abrégé le travail (voyez pl. 3, fig. *a*).

Dans le Psautier de 1490, qui est de Schoffer seul, la musique est imprimée d'un bout à l'autre de l'ouvrage (pl. 3, fig. *b*). Les portées, qui ont quatre lignes, sont imprimées en rouge, ce qui a nécessité une seconde opération pour l'impression des notes en noir. De temps en temps, on trouve de petites lignes verticales en rouge pour indiquer le repos des phrases; ces lignes sont faites à la main.

Voici la souscription du dernier feuillet de ce Psautier :

| *Presens psalmor codex venustate capitalium decoratus rubricationibusque ac notis sufficienter distinctus (2) ad inventione artificiosa imprimendi ac caracterizandi : absque alla calami exaratione in nobili civitate Maguntina hujus artis inventrice elimatriceque (3) prima sic effigiatus et ad laudem Dei ac honorem sancti Benedicti per Petrum Schoffer de Gernsheim est consummatus anno domini* | Le présent recueil de psaumes, décoré par la beauté de ses majuscules et suffisamment éclairci par des rubriques et des notes, a été ainsi exécuté, selon l'ingénieuse invention d'imprimer et de faire des caractères, sans aucun travail à la plume, dans la ville de Mayence, qui a inventé et perfectionné la première cet art, et parachevé à la louange de Dieu et l'honneur de saint Benoît, par |

(1) *Gernsheim*, petite ville du pays de Darmstadt. Schoffer était clerc du diocèse de Mayence.

(2) *Distinctus* doit se traduire par *éclairci*, par opposition à *decoratus*, décoré. *Distinctus*, en latin ordinaire, se prend bien quelquefois pour orné; mais, comme des notes ne servent pas à orner un livre à la façon des majuscules ornées, que les parties imprimées en rouge servaient à se retrouver dans la lecture, on ne peut avoir de doute sur l'interprétation de ce mot.

(3) *Elimatrix* n'est guère usité, on peut le traduire par *ayant perfectionné* ou *appliqué*.

Le privilége dans lequel Petrucci s'intitule lui-même *homme très-ingénieux* et *inventeur d'un procédé nouveau*, ne doit influer en rien sur une question de cette importance.

Petrucci, né le 18 juin 1466 à Fossombrone, petite ville des États de l'Église, fit ses études pratiques de graveur et de typographe à Venise, où l'on imprimait avec succès dès l'invention de cet art. Le privilége accordé à Petrucci est daté de 1498 ; le voici :

Serenissimo principe, et illustrissima signoria siando fama celebratissima vostra serenità cum sue concessioni et privilegj invitare, et excitare li inzegni ad excogitare ogni di nove inventioni qual habiano essere a comodità, et ornamento pubblico da questa invitado OCTAVIANO DE I PETRUCCI DA FOSONBRONE *habitator in questa inclyta città homo ingeniosissimo cum molte sue spexe, et vigilantissima cura ha trovado quello che molti non sola in Italia, ma etiandio de fuora de Italia za longamente indarno hanno investigato che e stampare commodissimamente canto figurado. Et per consequens molto più facilmente canto fermo : cossa precipue a la religion christiana de grande ornamento et maxime necessaria : pertanto el soprascripto supplicante recorre a* li *piedi de vostra illustrissima Signoria, supplicando quella per so-* lita *sua clementia, et benignità se degne concederli de gratia special chome a primo inventore che niuno altro nel dominio de vostra signoria possi stampare canto figurado ne intaboladure d'organo et de liuto per anni vinti ne anche possi portare ne far portar o vender dicte*

Prince sérénissime et très-illustre seigneurie (sénat), comme il est universellement connu que votre Sérénité cherche, par des concessions et des priviléges, à inviter et à exciter les talents pour qu'ils produisent chaque jour de nouvelles inventions pour la commodité et l'ornement du public, invité par cette renommée, *Octavien des Petrucci*, de Fossombrone, demeurant en cette illustre cité (Venise), homme très-ingénieux, a inventé, grâce à de grands travaux et de beaucoup de dépenses, ce que bien des personnes, tant en Italie que hors, ont cherché vainement à inventer, à savoir, l'art d'imprimer très-aisément le chant figuré, et par conséquent encore plus aisément le plain-chant, chose d'un grand intérêt pour la religion chrétienne, d'un grand ornement pour elle, et même tout à fait nécessaire. C'est pourquoi le suppliant susnommé a recours à votre illustrissime Seigneurie, en priant qu'avec sa clémence et sa bénignité habituelles elle veuille bien lui concéder la grâce spéciale, comme à un premier inventeur, afin que nul autre, dans les domaines de votre seigneurie ne puisse impri-

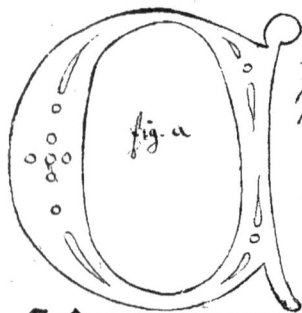

fig. a

In aduentu dñi ad velpas ꝑimu

Onditor alme syder

eterna lux credentiũ criste redewptor

omniũ exaudi ꝑces fupplicũ.

Pſautier de 1457.

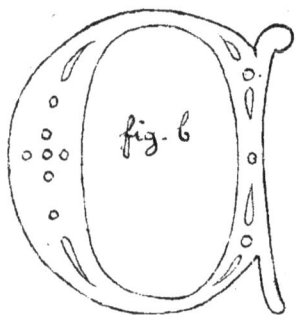

fig. b

In aduentu dñi ad velperas ꝑmi

Onditor alme siderũ eternalux cri

dentiũ: criste redēptor omniũ exaud

ꝑces fupplicũ.

Pſautier de 1490.

CANTU

fig. c

TENOR

Practica Musice Franchini Gafori laudensis 1496.

cosse in le terre et luogi de excelsa vostra signoria stampade fuora in qualunque altro luogo sotto pena de perdere dicte opere stampade per altri aver portade de fuora et de pagare ducati diese per chadavena opera laqual pena sia applicata per la mita a la franchation del monte novo et questo dimanda de gratia singular a vostra illustrissima signoria a la qual sempre ricomando. — 1498 *Die* XXV *maij*, *Quod suprascripto supplicanti conceditur Prout Petit.*

Consilarij :

Ser *Marinus Leono*. — *Ser Jeronimus Vendramens*. — *Ser Laurentius Venerio*. — *Ser Dominicus Bollani*.

mer du chant figuré ni tablature d'orgue et de luth pendant vingt ans, et ne puisse mettre ni faire mettre en vente lesdites choses dans les terres et lieux de l'illustrissime seigneurie, imprimées au dehors en quelque lieu que ce soit, sous peine de perdre lesdits ouvrages imprimés par d'autres ou importés du dehors , et à payer 10 ducats pour chaque ouvrage, laquelle amende sera appliquée moitié à l'affranchissement du nouveau mont (de piété?). Voilà ce qu'il implore de la grâce sans pareille de votre seigneurie illustrissime à laquelle toujours il se recommande.

Ce jour 25 mai 1498.

On accorde au suppléant ce qu'il demande. Prout Petit.

Les conseillers :

Ser Marino Leoni, ser Jérôme Vendramin, ser Laurent Venier, ser Dominique Bollani.

M. Schmid indique en première date, pour les impressions de Petrucci, un *Recueil de trente-trois mottets* parus à Venise en 1502, puis vinrent des messes de *Josquin des Prés*, d'*Obrecht*, de *Brumel*, de *Ghiselin*, de *Pierre de la Rue*, d'*Agricola*, etc. A cela il faut joindre des Recueils de *frottole* (airs de vaudevilles ou chansons des rues), puis encore des recueils de mottets (1).

(1) M. Fétis, à l'article *Petrucci*, dit dans sa note que Fournier le Jeune *n'entend rien au sujet qu'il traite*, à propos de son *Traité historique et critique sur les caractères de la musique*. Ce jugement est peut-être un peu sévère, car Fournier était graveur et typographe, et il a suffisamment prouvé dans ses différents ouvrages sur l'imprimerie qu'il connaissait son métier à fond. Il ignorait en effet l'existence et les mérites de Petrucci, car il n'en parle pas; mais, quant à ce qui concerne les anciens graveurs de musique français, c'est dans son ouvrage qu'ont été puiser tous les biographes de *Hautin, Guillaume Le Bé, N. Duchemin, R. Granjon, J. de Sanlecque*, les *Ballard*, etc. Lottin fait un grand éloge de Fournier le Jeune, qui créa à lui seul son établissement de fonderie en faisant ses poinçons, matrices, moules, etc.

Dès 1505, un célèbre joueur de luth du nom de *Marco da l'Aquila* demandait également un privilége à la sérénissime république de Venise pour l'impression de tablatures de luth.

Dès cette époque également, sinon antérieurement, *Œglin de Reutlingen*, imprimait à Augsbourg, avec des caractères de musique qu'il avait gravés en cuivre. Le premier ouvrage renfermant des notes de musique publié par cet artiste a pour titre : *Melopoiæ sive harmoniæ Tetracenticæ super* XXII *genera carminum Heroicorum, Elegiacorum Lyricorum et Ecclesiasticorum Hymnorum, per Petrum Tritonium*, etc. Augsbourg, 1507, in-folio. Les portées de musique ont cinq lignes; elles ont été imprimées avant les notes, c'est-à-dire que le tout s'est fait en deux opérations (1).

En 1526, les *Juntes* dont le nom devint l'un des plus illustres parmi les imprimeurs du XVIᵉ siècle, firent paraître à Venise les messes de *Josquin des Prés*. Ce rare et précieux recueil a été acquis par la Bibliothèque impériale; il provient de M. Adrien de La Fage. On peut croire avec quelque probabilité que cette édition importante des *Juntes* a été faite avec les caractères de Petrucci. Jusqu'en 1523, époque où s'arrêtent les productions de cet artiste, aucun graveur de types de musique ne s'est fait connaître en Italie, et l'on peut supposer avec vraisemblance qu'à la mort de Petrucci, peut-être même avant, les Juntes avaient acquis son outillage pour la musique, en entier ou en partie.

Ici nous entrons dans le domaine des graveurs français, qui, s'ils n'ont pas eu l'honneur de graver et de fondre les premiers caractères de musique, ne restèrent pas en arrière sur les autres pays, quant à la propagation de la gravure des notes, et rivalisèrent dignement avec l'Allemagne et l'Italie.

PIERRE HAUTIN ou HAULTIN, graveur, fondeur et imprimeur à Paris, dans la première moitié du XVIᵉ siècle, doit être considéré comme le créateur de l'impression de la musique en France. On ignore la date exacte de sa naissance; quant à sa mort, M. Fétis la met à 1580, date qui me paraît douteuse. Quoi qu'il en soit, on sait que Pierre Hautin établit ses premiers poinçons de musique en 1525. Il grava dès son début différentes grosseurs de notes. La note et les filets (fragment de portée) se trouvaient sur le même poinçon, différant en cela du procédé de Petrucci, dont l'impression se faisait en deux fois, comme on l'a dit, les portées puis les notes.

---

(1) *Le Bibliophile illustré*, Londres, 1861, nº 2, p. 19 : *Les premières notes de musique fondues et imprimées par Ehrhard Œglin.*

Les caractères de Hautin ont moins d'élégance que ceux de Petrucci, il est vrai; pourtant ils se distinguent par une grande netteté.

Dans le Catalogue de Lottin, P. Hautin n'est cité comme imprimeur qu'à partir de 1549. Il était natif de La Rochelle, et paraît être retourné au lieu de sa naissance vers la fin de ses jours, d'après le titre des deux Recueils suivants : *Jean Pasquier, la lettre profane des chansons des meslanges d'Orlando changée en lettre spirituelle à quatre, cinq et huit parties, à La Rochelle, Pierre Hautin,* 1575 et 1576. — *Jean Pasquier, cantique et chansons spirituelles pour chanter soubz la musique des chansons profanes d'Orlando de Lassus à quatre et cinq parties, à La Rochelle, Pierre Hautin,* 1578.

Une édition des *Psaumes de David,* publiée par Pierre Hautin, porte la date de 1567, tandis que les *Motets d'Orlando de Lassus* (in-4° oblique), parus en 1576, ont la signature de Robert Hautin, fils du précédent, ce qui fait supposer que Pierre Hautin, s'étant établi à La Rochelle, avait cédé son établissement de Paris à son fils.

Cet artiste habile (P. Hautin) contribua puissamment à répandre la musique en France à une époque où l'imprimerie, quoique inventée depuis un demi-siècle, n'avait encore fourni qu'un nombre limité d'ouvrages de musique (1) et se trouvait presqu'à l'état d'enfance, comparée aux progrès qu'elle avait déjà réalisés pour les lettres. Pierre Hautin imprimait non-seulement avec ses caractères de musique, mais il en vendait des assortiments à ses confrères imprimeurs.

Parmi ces derniers on distingue surtout *Pierre Attaignant,* à Paris; *Jacobus Modernus de Pinguento,* à Lyon; *Tylmann Susato,* à Anvers.

La ville de Lyon, qui a toujours tenu une place importante dans l'imprimerie dès son origine, possédait, outre le *Jacques Moderne* que nous venons de citer, et qui était compositeur de musique et imprimeur à la fois, *Godefroy* et *Marcelin Beringen,* éditeurs des *Cinquante psaumes de David,* mis en musique *Bourgeoys* en 1547 (2). Puis parut dans la même ville *Robert Granjon,* graveur et fondeur de caractères, vers 1572, nous en parlerons plus loin.

Pierre Attaignant, artiste habile et laborieux, sut faire valoir les premiers poinçons de Hautin, en donnant au public une suite nombreuse d'éditions musicales. L'une des plus remarquables est la belle collection de *Chansons musicales à quatre parties,* Paris, 1530, petit

---

(1) Abstraction faite des publications de Petrucci.

(2) Ajoutons à ces noms d'imprimeurs de musique lyonnais ceux de *Simon Gorlier. Guillaume Rouilly, Thomas Straton.*

in-4° gothique (1). Il y a dix livres dans cette collection; le troisième et le neuvième livre portent la date 1529, le cinquième celle de 1528, ce qui ferait croire que cet ouvrage est le même que l'édition de 1527 citée par Brunet..

Les différentes suites de ces chansons se vendant séparément, tel ou tel livre pouvait s'épuiser plus vivement que les autres; on en tirait de nouveaux exemplaires en changeant la date.

L'exemplaire de la Bibliothèque impériale de ces *Chansons musicales à quatre parties* contient à la fin un recueil de chansons à quatre voix de *Clément Janequin*, puis encore *deux livres de motets*.

La plupart de ces chansons ne portent pas de nom d'auteur. Les noms cités sont : *Beaumont* (2), *Claudin, Consilium, H. Le Heurteur, Lupi, Jennequin, Jacotin, R. Renes* (2), *Passereau, Dulot* (2), *Gascogne, Sohier, Ph. Deslouges, Hesdin, Vermont, Courtoys, J. de Bechefort* ou *Bouchefort* (2), *Robert Cochet* (2), *Françoys* (2) *Lybos* ou *Cybot* (2), *Ysore* ou *Ysoze* (2), *Moulu, Dorle, Ducroc* (2), *Mouton.*

A part les nombreux recueils de chansons édités par Attaignant, il y a encore de lui *un livre de Danceries à six parties, par Consilium*, 1543, petit in-4° oblong.

Avant d'aller plus loin, qu'il me soit permis d'ouvrir une large parenthèse.

Dès le commencement de ce travail, le désir et même l'espoir de retrouver quelques anciens poinçons de notes s'étaient présentés à mon esprit : en un mot, je rêvais un témoin authentique des premiers temps.

Il y avait pourtant de quoi se décourager, en lisant dans le *Traité de Fournier le Jeune* la note suivante : « Tous les poinçons, moules et matrices pour les notes de musique, achetés et rassemblés par les différents propriétaires des priviléges, étaient tellement tombés en discrédit, dans l'esprit même de la famille de M. Ballard, qu'à la mort du dernier privilégié ces objets ont été adjugés pour une somme au-dessous de deux cents livres. »

Heureusement que les *Observations de MM. Gando père et fils*, publiées en réponse au *Traité de Fournier le Jeune*, étaient là pour me donner quelque espoir. La vente dont parle Fournier le Jeune n'a dû se composer que d'anciens clichés hors de service et d'autre ferraille.

Or, le dernier Ballard imprimeur avait épousé Mme veuve Vinchon:

---

(1) *Tylmann Susato*, à Anvers, fit une contrefaçon de cet ouvrage en 1543; on voit que les contrefaçons belges ne datent pas d'hier.

(2) Non cités par M. Fétis.

ce Ballard est mort le 16 octobre 1825. L'imprimerie resta à sa veuve, qui continua d'imprimer, et mourut au mois de novembre 1829, laissant un fils de son premier mariage.

M. Vinchon, peintre distingué et célèbre, s'occupa bien plus de son art que de l'imprimerie qu'il eut en héritage de sa mère. Il mourut en 1855, après avoir cédé son établissement à MM. de Mourgues frères, propriétaires actuels.

C'est là que j'allai frapper.

Dans une première entrevue, on m'assura qu'il n'existait absolument rien des anciens caractères de musique des Ballard, que le tout avait été vendu comme ferraille et vieux cuivre par M. Vinchon avant la cession de son établissement.

Pourquoi ne pas l'avouer, les Alsaciens sont entêtés comme des..... Bretons. Je renouvelai mes instances pour qu'on fît des recherches dans tous les coins et recoins de l'imprimerie. M. Charles de Mourgues, avec une grâce parfaite que je me plais à reconnaître, voulut bien donner des ordres en conséquence, et ces recherches furent couronnées d'un plein succès, car on trouva dans une vieille armoire deux sacs dont je vérifiai le contenu, et reconnus sans peine les poinçons de Guillaume Le Bé, avec une partie de ceux qu'y avaient joints successivement la longue génération des Ballard. Le nombre de ces poinçons est de cinq à six cents. Les séries n'en sont pas toujours complètes; mais tels que, ce sont des spécimens curieux dont j'ai fait reproduire les plus caractéristiques. Une des plus anciennes de ces séries se trouvait enveloppée dans un fragment du *Roman de la Rose* sur parchemin, manuscrit du XV⁵ siècle, avec une miniature malheureusement dégradée. De nos jours on y regarderait à deux fois avant de se servir de pareilles enveloppes.

Il était indispensable d'expliquer la provenance de ces spécimens de notes, que nous placerons en leurs lieux respectifs, c'est-à-dire avec les graveurs auxquels elles sont attribuées par Gando, et sur la foi du procès-verbal qui fut fait le 30 novembre 1639, après le décès de Pierre Ballard. Ce procès-verbal est signé par Vitré, imprimeur du Roi et du Clergé de France, Blaisot, marchand libraire, et Jacques Cottin, fondeur en caractères. Tous les noms des graveurs qui ont travaillé à la musique des Ballard y sont cités à côté de chaque sorte de musique (1). On pourra comparer ces spécimens avec ceux reproduits par Gando, en 1766.

(1) *Observations sur le traité historique et pratique de M. Fournier le Jeune*, par MM. Gando père et fils, Berne et Paris, 1766, in-4°.

GUILLAUME LE BÉ, graveur, fondeur et imprimeur, né en 1525 à Troyes, où son père possédait une papeterie assez importante, exerça son talent à Paris, entre les années 1539 et 1555 (1). D'après ces deux dernières dates, données par Lottin, celle de 1525, indiquée dans la *Biographie universelle* de Michaud, est inadmissible pour la naissance de Le Bé, puisqu'elle le ferait imprimeur à l'âge de quatorze ans.

Le Bé grava non-seulement des poinçons pour les notes en 1540, mais aussi des tablatures de luth (2) en 1544 et 1545. Il suivit en cela le procédé inventé par Hautin, en faisant adhérer à chaque note ou signe musical leur fragment de portée, ce qui n'exigeait qu'une seule opération au tirage.

Spécimens de Guillaume Le Bé.

A.

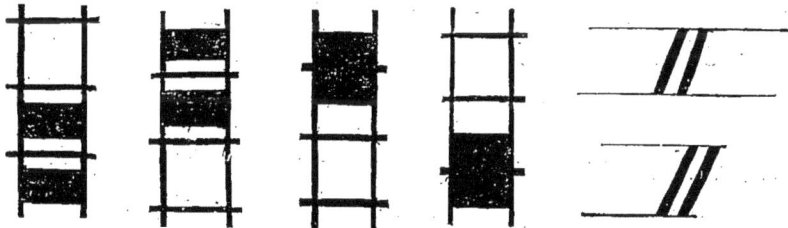

---

(1) *Catalogue chronologique des libraires et des libraires-imprimeurs de Paris, etc.* par Lottin. Paris, 1789.

(2) *Tablature.* — On donnait ce nom à un système de notation appliqué plus spécialement aux pièces de luth, de théorbe, de guitare, de basse de viole, etc. On marquait sur plusieurs lignes parallèles, dont chacune représentait une des cordes de l'instrument, certaines lettres de l'alphabet : l'A indiquait la corde à vide ; le B indiquait la pose du doigt sur la première touche depuis le sillet ; le C la seconde, etc., *Dictionnaire de musique* de Brossard.

Il y avait encore d'autre signes de *tablature*, sur lesquels M. Gevaert prépare un travail spécial.

B.

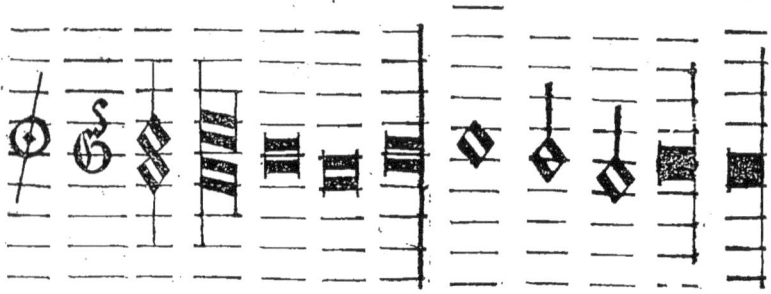

C.

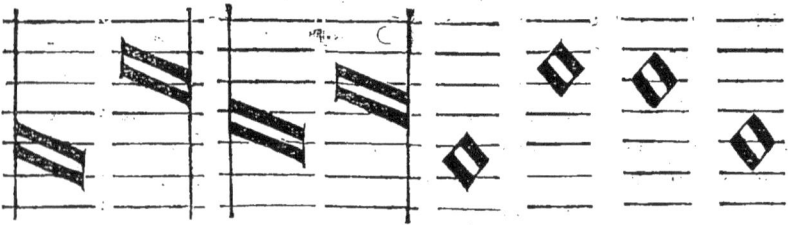

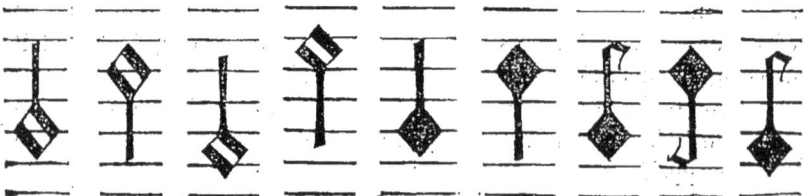

D.

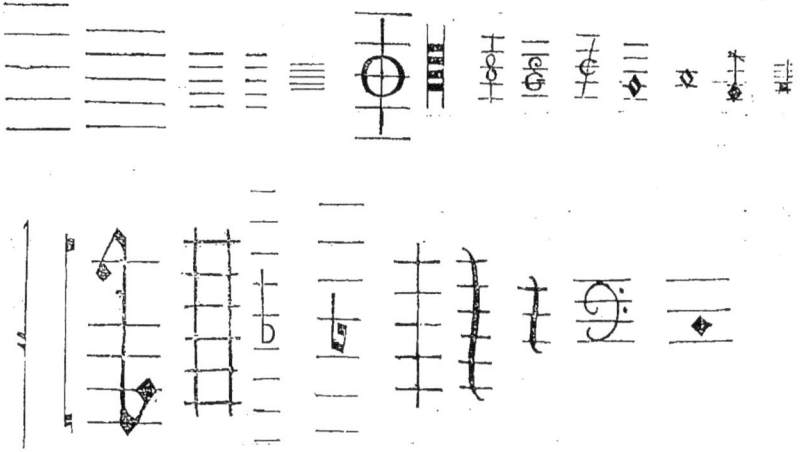

E.

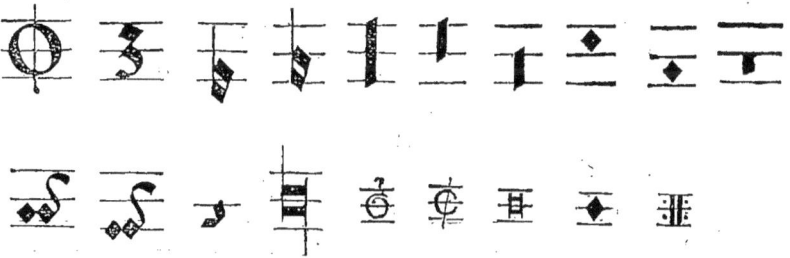

La forme barbare des poinçons séries A et B, évasée aux deux bouts, nous induit à croire que c'était là le premier essai de Le Bé, peut-être même ces poinçons proviennent-ils de *P. Hautin*, l'antique créateur des caractères de musique en France.

Les petits caractères des séries D et E sont probablement postérieurs à Guillaume Le Bé. Ce graveur établit, entre 1554 et 1555, des poinçons où les notes étaient isolées, c'est-à-dire *sans portées*, ce qui nécessitait deux opérations : l'impression des portées d'abord, puis celle des notes par rentrées. Dans cette opération double de Le Bé, les portées elles-mêmes n'étaient pas d'une seule pièce, mais formées par un assemblage de filets appelés *cadrats*.

Ce procédé devait être, à peu de chose près, celui que nous avons cité à propos du *Psautier de Schoffer*.

Caractères isolés de Gillaume Le Bé.

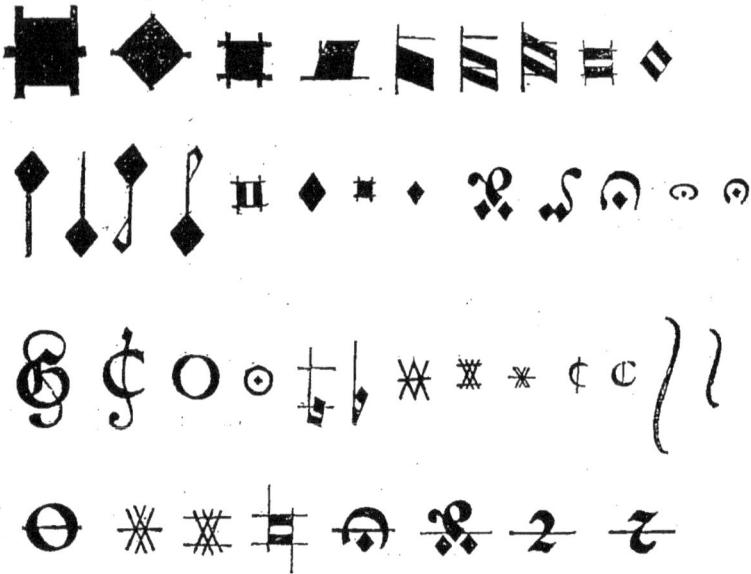

D'après Gando, les petites notes et les petits signes ci-dessus doivent être attribués à *Logis* (1), les grosses notes seulement sont de Le Bé (2).

Cet homme de talent fut choisi par François I pour exécuter les remarquables caractères orientaux qui ont servi aux impressions de Robert Étienne. Philippe II le chargea également de la fonte des caractères destinés à l'impression de la *Bible polyglotte d'Anvers* (1569), confiée à Ch. Plantin.

A la mort de Garamond, en 1561, Guillaume Le Bé, nommé arbitre de l'inventaire de cette superbe fonderie, acquit la plus grande partie des poinçons et matrices, qu'il ajouta à son fonds. On n'ignore pas que les Elzevirs imprimaient avec les caractères de Garamond.

Guillaume Le Bé mourut en 1598.

La famille des Le Bé fournit plusieurs générations de graveurs, fondeurs et imprimeurs. Guillaume Le Bé II, succéda à son père; puis vin-

(1 La note carrée de la deuxième ligne de ce spécimen a été mise à l'envers à la reproduction.

(2) Gando, *Observations sur le traité de Fournier le Jeune*, p. 9.

rent Henri Le Bé, libraire en 1581 ; Jacques Le Bé, imprimeur en 1610. Guillaume Le Bé III exerça de 1636 à 1685 ; il perfectionna les poinçons de musique. A son talent de graveur il joignait la connaissance des langues orientales. D'après Chaudon et Delandine, il donna ses soins à l'édition des *Figures de la Sainte-Bible, accompagnées de briefs discours*, du libraire Jean Leclerc, son beau-père.

Sa veuve lui succéda pour l'imprimerie, et il y eut après elle plusieurs demoiselles Le Bé s'occupant de gravure et du commerce de la librairie.

Nous parlerons plus loin des Ballard ; constatons, en attendant, que Guillaume Le Bé I leur fournit leurs premiers caractères de musique.

ROBERT GRANJON, graveur et fondeur de caractères, était né à Paris, où son frère aîné, Jean Granjon, exerçait déjà la librairie en 1506 (1). Robert quitta Paris pour aller s'établir à Lyon.

Les années actives de Robert Granjon furent de 1523 à 1573 ou même 1582. Cet homme de talent introduisit une modification caractéristique dans la forme des notes en les arrondissant, de carrées qu'elles étaient jusque-là.

Cette innovation se trouve dans l'ouvrage suivant : *Premier trophée de musique, composé des plus harmonieuses et excellentes chansons choisies entre la fleur et composition des plus fameux et excellens musiciens, tant anciens que modernes, le tout à quatre parties, en quatre volumes.* — A Lyon, de l'impression de Robert Granjon, 1559 (petit in-8° oblóng).

Ce *Premier trophée* est suivi du *Second trophée*, qui est la continuation du même ouvrage. Les notes sont arrondies en bas seulement et le haut se termine en forme de flèche ; le poinçon porte la note et ses fragments de portée de chaque côté. Les paroles sont en *caractères de civilité* et s'harmonisent merveilleusement avec les notes. Au point de vue typographique, cet ouvrage est incontestablement l'œuvre d'un homme de talent. L'exemplaire de la Bibliothèque impériale n'est malheureusement pas complet, il y manque la partie de ténor. Voici l'*extrait du privilége* tel qu'il se trouve dans cette publication :

« Il ha pleu au Roy nostre sire, de donner privilège et permission à *Robert Granjon*, marchand libraire et imprimeur demeurant à Lion, d'imprimer chansons, messes, motetz en musique, tabulatures de lutz, guiternes et autres instrumens ; et sont faittes deffences à tous autres libraires, imprimeurs, tailleurs de caractères, sur certaines et grandes peines, de n'imprimer ou faire imprimer la musicque ne les tabulatures de lutz, guiternes et autres instrumens imprimées par ledit Granjon, ne sur ses copies, et ce jusques au terme de six ans, à commencer du jour

(1) *Catalogue chronologique*, de Lottin.

que lesdits livres seront achevez d'imprimer comme plus à plain est contenu par les lettres royaux sur ce despeschées à Paris le 12ᵐᵉ jour de febvrier 1549 et signées Bassourdy. »

Les noms des compositeurs du premier et du second trophée sont : *Arcadelt, Boyvin, Cadeac, Certon, Claudin, Gentian* (1)*, Godard, Gondeau* (1)*, Gombert, Jaquet* (1)*, Lupi second, Lupus, Maillard, Mornable, Philibert Jambe de Fer, Roussel, Sandrin, Viliers.*

Malgré l'amélioration réelle dans la forme des notes, inventée et mise au jour par R. Granjon, ses contemparains ne paraissent pas en avoir profité, puisque nous voyons, en 1765 et 1766, Fournier le Jeune et Gando se disputer la priorité de cette invention. Les publications musicales des XVIᵉ et XVIIᵉ siècles sont là d'ailleurs pour affirmer que l'on continua à se servir des notes carrées et en losange.

Robert Granjon fit des perfectionnements bien plus importants encore, en supprimant les ligatures et les signes si bizarres de la notation proportionnelle pour les ramener à la division binaire. L'usage de ces importants perfectionnements paraît ne dater que de 1559, soit que l'inventeur ne les eût faits qu'à cette époque, soit qu'il n'eût pas trouvé d'autres imprimeurs que lui pour se servir de ses nouveaux caractères.

Un autre recueil parut la même année chez Granjon, ce sont : les *Chansons nouvelles composées par Barthélemy Beaulaigne excellent musicien et par luy mises en musique à quatre parties, et en quatre livres.* Ce recueil est dédié à *Très illustre, haute et puissante princesse Madame Diane de Poictiers, duchesse de Valentinois, par Barthelemy Baulaigne, enfant de cueur en l'Eglise majeure de Marseille, son très obéissant serviteur, salut et prospérité.* Il y a même le portrait de Beaulaigne. L'épître dédicatoire est curieuse, sa longueur seule nous a empêché de la reproduire. Ces chansons de Beaulaigne sont suivies de *mottetz* à quatre, cinq, six, sept et huit parties. L'auteur continue à s'y appeler *excellent musicien.*

Granjon fut appelé à Rome par le pape, afin d'y graver et fondre des caractères pour un alphabet grec.

Dans un livre bien connu des bibliophiles, le *Directorium chori de Giudetti,* on lit : *Permissu superiorum, Romæ apud Robertum Gran Jon, Parisiens.,* 1582. Ce livre n'est point fait avec les caractères de Granjon, et, en admettant que cet artiste travaillât déjà en 1523, est-il probable que, passé octogénaire, il eût créé de nouveaux poinçons à Rome ?

ETIENNE BRYARD, de Bar-le-Duc, inventa aussi des types nouveaux,

_____

(1) Non cités par M. Fétis.

où certaines notes étaient arrondies et le système de notation simplifié. Est-ce à lui ou à Granjon que l'on doit réellement cette invention? M. Fétis hésite à se prononcer là-dessus, à l'article *Briard*. Après tout, ces deux artistes ont pu avoir la même idée, à moins qu'elle ne leur ait été suggérée par quelque compositeur de musique. Selon M. Fétis, ces derniers, bien longtemps avant les dates citées, se servaient déjà, dans la composition de leurs œuvres, de cette notation débarrassée des ligatures et autres inconvénients de la notation proportionnelle.

Un spécimen unique nous est parvenu en fait d'ouvrages de musique imprimés à Avignon durant sa splendeur, c'est-à-dire du temps où cette ville fut la résidence des papes. Ce livre, imprimé par Jean de Channay avec les caractères de notes arrondies de Briard, a pour titre : *Liber primus missarum Carpentras et sunt infrascripta :*

Prima : Si mieulx ne vient ;

Secunda : A lombre dung buissonnet ;

Tertia : Le cueur fut mien ;

Quarta : Fors seulement.

Quinta : Encore irai je jouer.

1532.

Ce sont des messes d'*Eléazar Genet*, surnommé *Carpentras.*

Les notes de ce rarissime recueil nous montrent ce qu'était le perfectionnement de Bryard, quant à la forme des notes ; ces dernières ne sont arrondies qu'en bas et le losange domine toujours.

NICOLAS DUCHEMIN, né à Provins au commencement du XVIe siècle, contemporain de Guillaume Le Bé, perfectionna l'art de la typographie musicale. Fils d'un graveur en caractères, il se fit aider dans ses recherches et tâtonnements par d'habiles artistes comme *Nicolas de Villiers* (fils de Thomas de Villiers, libraire à Paris, en 1529) et *Philippe Danfrie*, ou plutôt *Danfrif.* Ce graveur, né en Cornouailles (basse Bretagne), fut *tailleur général des monnaies de France.* « C'était, dit La Croix du Maine, un homme très-excellent pour la gravure, fort grand ingénieur et inventeur de plusieurs beaux instruments de mathématiques. »

Le procédé qui triompha généralement fut celui des fragments de portée adhérents à la note sur le même poinçon. C'est aussi celui qu'on suivit à l'étranger, par exemple chez *G. Scotto* à Venise, dans ses *Canzoni villanesche alla Napolitana di messer Adriano à quatre voci, con la canzon di Ruzante*, 1548 ; chez *Gardane*, également à Venise, pour l'impression de *Adriani Willaert musici celeberrimi de chori divi Marci illustrissimæ reipublicæ venetiarum magistri musice quatuor vocum,* Venise, 1545. Mais les chefs-d'œuvre de ce procédé s'exécutaient chez les Plantins ; rien de beau comme leurs *Chansons françoyses à cinq, six et huit parties, mises en musicque par Severin Cornet, maistre des enfants de la grande église d'Anvers. Christofle Plantin, Anvers*, 1581. Il manque la *quinta pars* à l'exemplaire de la Bibliothèque impériale, que les vers détruisent tandis que j'en parle ici.

Forkel, dans son *Histoire générale de la musique*, t. II, page 519, observe que déjà en 1532, dans quelques traités de musique publiés en Allemagne, les types des notes étaient si bien formés, qu'il faut s'étonner d'une telle perfection obtenue en si peu de temps.

En 1554 Duchemin imprima un *Recueil de chansons spirituelles ;* en 1556, *L'art, science et pratique de pleine musique et de l'institution musicale, très-utile, profitable et familière, nouvellement composée en français*, in-12 (sans date). En 1558, il livra au public *Missæ modulatæ ;* c'est un recueil de messes mises en musique par Goudimel, Orlando de Lassus, Philippe de Mons et autres compositeurs du temps, in-8, sans date. Ce recueil est rare, comme la plupart de ceux du xvie siècle. Duchemin publia, entre 1554 et 1558, une quantité d'œuvres musicales parmi lesquelles se trouvent des chansons de *Claude Goudimel*, des *psaumes*, etc. La date probable de sa mort est 1565 ; il est certain qu'il exerça de 1541 à 1554.

Les poinçons et matrices de Duchemin passèrent plus tard dans les ateliers du fils Le Bé. Ces mêmes poinçons finirent par servir aux nombreuses éditions de musique des Ballard, conjointement avec ceux de Guillaume Le Bé (le père).

Parmi les ouvrages de musique imprimés à Paris au xvie siècle, citons un livre de litanies à quatre voix paru en 1578, chez Thomas Brumen (1), Les caractères de musique de ces litanies sont mieux formés et plus élégants que ceux employés par Robert Ballard, contemporain de Brumen.

Adrien Le Roy, musicien de Henri II (2), s'étant associé, pour l'im-

____

(1) *Lytaniæ in alma domo Lauretand. omnibus diebus sabbati, vigiliarum, et festorum, beatissimæ Virginis musice decantari solitæ. Parisiis, apud Thomam Brumennium, in Clauso Brunello sub signe Olivæ*, 1578, in-12. Brumen exerçait déjà en 1559.

(2) Adrien Le Roy était chanteur de la chapelle du roi Henri II ; en 1571, il donna l'hospitalité à *Orlando de Lassus*, lors de son arrivée à Paris. Ce Le Roy était lui-même compositeur ; on a de lui différentes chansons à quatre voix, puis encore : *Instruction de partir toute musique des huit divers tons en tablature de luth*, 1557 ; enfin *un livre d'airs de cour mis sur le luth*, 1571.

Dans la famille des Ballard, il y eut aussi plusieurs compositeurs de musique. Ce cumul d'éditeur et de compositeur se voit encore de nos jours, quoique, à notre avis, la vie soit trop courte pour bien remplir une seule de ces deux carrières.

pression de la musique, avec *Robert Ballard* son beau-frère (1), obtint du roi des lettres patentes le 14 août 1551, dont voici l'extrait tel qu'on le trouve dans les *Chansons de Certon*, publiées entre 1552 et 1557 par ces deux imprimeurs associés :

Il est permis à Adrian Le Roy et Robert Ballard, imprimer ou faire imprimer et exposer en vente tous les livres de musique, tant instrumentale que vocale, qui seront par eulx imprimez, et ce pour le temps de neuf ans, à compter du jour qu'ilz seront parachevez d'imprimer, jusques à neuf ans finiz et accompliz. Et sont faittes défenses à tous imprimeurs, libraires et autres, d'iceulx imprimer, ne exposer en vente, sur peine de confiscation desditz livres : ensemble d'amende arbitraire et de tous deppens, dommages et intérestz, comme plus à plain est contenu es lettres de privilége, sur ce, données à Fontainebleau, le quatorziesme jour d'aoust, l'an de grâce mil cinq cens cinquante et un, et de notre règne le cinquiesme.

Signées par le Roy et son conseil.

Robillart.

Ces lettres patentes indiquent suffisamment que l'association de A. Le Roy et Robert Ballard a eu lieu antérieurement à 1552 (2).

Fournier le Jeune, en parlant des premières lettres patentes, page 6, dit qu'elles portent que *ledit Le Roy et Ballard seront seuls imprimeurs de musique pour le service de sa majesté, et qu'ils seront couchés sur l'état de ses domestiques ou chantres de sa chambre.*

Il n'y a pas trace de cela.

Voici les noms des Ballard, se suivant de père en fils :

Robert Ballard I (3), exerçait en 1551, privilége en 1551, mort en 1606.
Pierre Ballard   —   1603,   —   1633,   —   1639.

---

(1) On trouve dans le *Catalogue chronologique des libraires*, etc., de Lottin, comme succédant à Robert Ballard, mort en 1606, sa veuve Lucrèce Le Bé; c'était sans doute une fille de Guillaume Le Bé, qui avait fourni les premiers poinçons de musique à A. Le Roy et Robert Ballard.

(2) Fournier le Jeune; M. Fétis, dans sa *Biographie des musiciens*; M. Schmid, dans son *Petruccio*, et tant d'autres qui les ont copiés, mettent le premier privilège de Ballard à 1552, ce qui est inexact, comme on vient de le voir. Il paraît du reste que Christophe Ballard ignorait lui-même cette date, car, dans son factum contre J. B. Lulli (1708), il dit, page 19 : que les lettres patentes de seul imprimeur du roi pour la musique lui avaient été accordées par les rois ses prédécesseurs, et, quoiqu'il eût pu remonter, s'il en eût été besoin, au delà de l'an 1552, il s'en était tenu à cette époque parce qu'elle était seule essentielle.

(3) Lucrèce Le Bé, sa veuve, lui succéda.

Robert Ballard II (1), exerçait en 1640(2), privilége en 1639, mort en 1679.
Christophe Ballard (3),   —   1666,   —   1673,   —   1715.
Jean-Baptiste-Chris-
tophe Ballard (4),   —   1694,   —   1695,   —   1750.
Christophe-Jean-Fran-
çois Ballard (5),   —   1741,   —   1750,   —   1765.
Pierre-Robert-Chris-
tophe Ballard,   —   1767. Il exerça conjointement avec sa
mère jusqu'en 1788.

Le premier privilége des Ballard fut renouvelé sous Charles IX (1568);
il y en eut un autre sous Henri IV (1607); enfin, sous Louis XIII (1637),
on parvint à se faire donner un privilége *exclusif*, car les lettres patentes
du 29 avril 1637 portent que *sa majesté veut que ledit Ballard* (Pierre)
*jouisse seul, pleinement et paisiblement, à l'exclusion de tous autres, du
pouvoir, faculté, permission et privilége attribué audit office* (de noteur
du roi), *et contenus en ses lettres de provisions et autres;* défend à toute
personne de tailler, fondre et contrefaire les notes, caractères et lettres
grises *inventées par ledit Ballard*, sous peine de six mille livres d'amende.

La famille des Ballard, armée de ses priviléges, comme on le verra
plus au long à l'article *Sanlecque*, et voulant exploiter par trop longtemps
les poinçons qu'elle avait acquis de différents graveurs, ne fit faire
aucun progrès à l'impression de la musique; bien au contraire, elle
y mit des entraves.

A part cela, on doit à ces imprimeurs, deux fois séculaires, une immense quantité d'ouvrages importants sur la musique. La plupart de
ces publications sont devenues des curiosités, des raretés bibliogra-
phiques, au point qu'aucune bibliothèque du monde ne peut se vanter
de posséder la collection complète des Ballard.

(1) Selon le *Catalogue chronologique des imprimeurs*, par Lottin, la veuve de Robert II
succéda à son mari et exerça l'imprimerie entre 1679 et 1693; sans doute conjointement
avec son fils Christophe.

(2) Cette date de 1640, donnée par Lottin pour l'entrée en exercice de Robert II, paraît
sujette à caution, le privilége de ce Robert II étant antérieur.

(3) Ce Christophe Ballard eut un frère nommé Pierre, qui imprimait également de la
musique; ils eurent même un procès ensemble, à la suite duquel Christophe fut maintenu
seul dans la charge de *seul imprimeur du roi pour la musique*. Pierre Ballard dont il
est question ici mourut en 1702 ou 1703; sa veuve exerça après lui et mourut en 1719.

(4) La veuve de ce J. B. Christophe Ballard continua l'imprimerie de son mari avec son
fils Christophe-Jean-François; elle mourut en 1758.

(5) Marie-Anne-Geneviève, veuve de Ch. J. F. Ballard, continua l'établissement de son
mari et fut libraire jusqu'en 1788.

Entre autres ouvrages publiés par l'association d'Adrian Le Roy et Robert Ballard, nous citerons le *Livre de tablature de guittare*, 1561, les *Psaumes de David*, avec la musique, 1562, les *Œuvres de Nicolas de la Grotte*, 1570; le célèbre *Ballet comique de la Royne*, 1582, à l'impression duquel concourut Mamert Patisson ; enfin une partie considérable des œuvres d'*Orlando de Lassus*.

Les caractères de Guillaume Le Bé, faisant le fonds de l'imprimerie musicale d'Adrien Le Roy et Robert Ballard, se trouvaient également entre les mains d'autres imprimeurs ; c'est avec ces caractères que Claude Micart imprima, en 1575, le *Recueil des plus belles et excellentes chansons en forme de voix de ville, tirées de diverses autheurs, ausquelles a été nouvellement adapté la musique de leur chant commun par Jehan Chardavoine*. François Estienne s'en servit pour son édition des *Psaumes mis en rime françoise par Clément Marot et Théodore de Bèze*, 1567.

Pierre Ballard succéda à son père; il acquit de Guillaume Le Bé (le fils) les poinçons et matrices de musique que celui-ci possédait, pour la somme de 50,000 francs. MM. Fétis et Schmid s'étonnent avec raison de l'énormité de cette somme; mais il faut remarquer que Le Bé fils devait non-seulement posséder les caractères acquis de Duchemin, mais aussi ceux de son père Guillaume Le Bé, et que ce fut probablement l'outillage complet de la fonderie et imprimerie Le Bé qui passa entre les mains de Pierre Ballard.

L'inventaire qu'on fit le 30 novembre, après la mort de P. Ballard, constate que les caractères de musique dont il s'était servi avaient été gravés par Guillaume Le Bé, Nicolas Devilliers, Philippe d'Anfrie, Nicolas Duchemin, Logis et Jacques de Sanlecque (1).

Le mémoire de Gando père et fils nous apprend, page 10, que les Ballard avaient encore une musique gravée par Philippe d'Anfrie, « qui porte le nom de *musique en copie*, ou d'écriture; elle est arrondie et la queue est placée derrière la note, dans le goût actuel, si ce n'est que la note est beaucoup plus petite. Nous avons un livre imprimé avec cette sorte de *musique en copie* chez Pierre Ballard, en 1617, intitulé : *Ballet du roi*. C'est donc à Philippe d'Anfrie qu'est dû le premier changement des caractères typographiques de musique. » Les Gando ne connaissaient pas les essais de Granjon et de Briard.

Voici un spécimen de cette *musique en copie* de Philippe d'Anfrif (2).

---

(1) Voyez le mémoire de Gando, page 11, et les spécimens qu'il reproduit après la page 27.

(2) Voyez a note sur Danfrif, page 63, à l'article *Duchemin*.

Parmi les ouvrages de musique publiés par Pierre Ballard se trouvent les *Psaumes de David* mis en musique par Claudin le Jeune, 1615; puis les *Airs de cour de différents autheurs*, dont je possède cinq livres parus entre 1615 et 1623.

Robert II et Christophe Ballard mirent au jour un nombre considérable d'ouvrages sur la musique. Christophe fut l'éditeur des opéras de Lulli, de Campra, de Mouret, de Destouchers, de Desmarets et de tant d'autres, sans parler des volumes d'airs à boire, dont il en imprima de quoi régaler tous les gosiers altérés.

Sous Robert Ballard II l'envahissement de la *chanson à boire* n'en était pas encore arrivée à ce point. Aux environs de 1650, c'étaient surtout les *psaumes avec musique* qui se débitaient le plus. Robert II édita entre autres céux de *Jacques de Goüy*, à quatre parties (1650); c'est à tort que M. Fétis donne à ce musicien le prénom de Jean. Pour paraître bons catholiques, les compositeurs avaient soin de négliger la traduction de Théodore de Bèze et Marot, déjà un peu vieillie alors, pour adopter celle de *messire Antoine Godeau*, évêque de Grasse et Vence. C'est ce qu'avait fait Jacques de Goüy. En 1659, nous trouvons déjà une cinquième édition de ces psaumes avec la musique de *Thomas Gobert*. En 1655 *Antoine Lardenois*, compositeur oublié par M. Fétis dans sa *Biographie des musiciens*, fit imprimer à ses frais les airs qu'il avait composé sur les paraphrases de Godeau. Nous voyons même, dans l'avis au lecteur, que Louis XIII avait fait quelques essais sur ces psaumes; les mélodies royales sont sans doute celles du commencement du volume. *Le feu roy commença ce glorieux volume*, est-il dit dans une pièce de vers qui suit la préface du poëte Godeau.

Artus Aucousteaux, maître de musique de la chapelle de Louis XIII, mit également en musique les vers de Godeau; en 1656, nous trouvons déjà une quatrième édition.

Christophe Ballard avait un frère nommé Pierre; nous l'avons cité dans une note page 66. Ce Pierre s'établit imprimeur et libraire en 1694; mais il n'exerça pas longtemps, puisqu'il mourut en 1713. Il paraît avoir eu le désir d'améliorer la forme des notes. Gando nous dit en effet (page 11) : « qu'il fit graver une musique dont les notes sont encore plus arrondies que celles de Philippe d'Anfrie, et la grosseur plus conforme aux nôtres; la queue tient au milieu de la note. Nous avons une pièce de cette musique imprimée chez Pierre Ballard en 1695, c'est un *Nouveau recueil d'air sérieux et à boire, par de Bousset.* » Comme le fonds de musique de ce Pierre fut cédé en 1696 à son frère Christophe, j'ai été à même de retrouver quelques spécimens de ces essais. On ne sait pas le nom du graveur qui les exécuta.

Essais de notes arrondies par Pierre Ballard II.

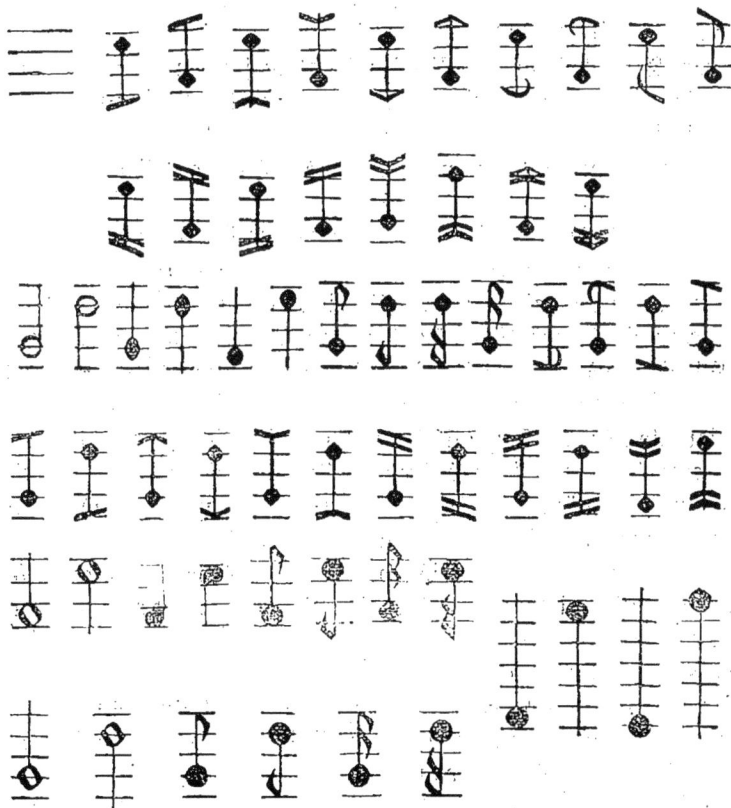

Jean-Baptiste Christophe et Christophe-Jean-François Ballard, entre aûtres publications musicales, mirent au jour cette série de volumes in-12, tant recherchés des amateurs, et dont les premiers paraissent même dater de Christophe Ballard : *Les brunettes* ou *airs tendres*, 3 vol.; *les Parodies bachiques*, 3 vol.; *la Clef des chansonniers*, 2 vol.; *les Tendresses bachiques*, 2 vol.; *les Rondes et chansons à danser*, 2 vol.; *les Menuets chantants*, 2 vol.

Pour donner plus d'unité à ce travail, nous avons réuni la famille des Ballard sans interruption aucune; aussi faut-il retourner bien en arrière, comme date, pour parler de :

JACQUES DE SANLECQUE I. Il naquit à Chaulnes, dans la Somme (1), en 1573, et vint à Paris à l'âge de quatorze ans. Soit opinion politique ou manque d'occupation, il prit part aux guerres de la ligue; mais ce n'était pas là un état; aussi entra-t-il comme élève chez Le Bé fils, pour la gravure des poinçons de musique, et devint un artiste de talent. Jacques de Sanlecque s'associa plus tard l'un de ses fils, nommé Jacques comme lui, et de plus, un savant illustre et excellent musicien. De Sanlecque père était gendre du libraire Leclerc; il exerça son art de graveur et fondeur entre 1596 et 1640, et fut un de ceux qui imitèrent le mieux les caractères des langues syriaque, samaritaine, arménienne, chaldéenne, arabe, etc. Il fondit les lettres pour la grande Bible royale de Le Jay.

L'association des deux Jacques de Sanlecque est une de celles qui ont fait le plus d'honneur à leur art; ces deux hommes produisirent des caractères justement admirés comme beau travail.

Fournier le Jeune nous dit que « vers 1635, ils commencèrent, pour leur propre usage, la gravure de trois caractères de musique distingués par *petite, moyenne* et *grosse musique.* Ces trois caractères sont un chef-d'œuvre pour la précision des filets, la justesse des traits obliques qui lient les notes et la parfaite exécution. (2). »

Les deux Sanlecque ne vendaient pas leurs caractères de musique aux autres imprimeurs.

Jacques de Sanlecque II continua l'établissement de son père mort en 1648, et qui, depuis plusieurs années déjà, ne s'en occupait plus.

En 1639, *Jacques de Sanlecque* fils obtint un privilége confirmé par un arrêt du Parlement, pour l'impression du plain-chant durant dix ans.

Robert Ballard II, fils de Pierre, fit tous ses efforts pour écraser

---

(1) M. Fétis met Chaulnes dans le *Bourbonnais*, à l'article *Sanlecque*; l'imprimeur aura cru mettre *Boulonnais.*

(2) *Traité historique sur les caractères de musique,* par Fournier le Jeune, p. 7.

le fils *de Sanlecque*, dont le père mourut durant l'interminable procès qui s'engagea. Le Bé fils s'était rendu partie intervenante, il mourut également avant la fin du procès.

De Sanlecque fils publia plusieurs écrits pour la défense de sa cause; il appelle Ballard : *Hydre à sept chefs de l'envie*, *qui depuis plusieurs années m'a dévoré quantité de curieux dessins sur la musique!*

Cela devait être dur à digérer!

Plus loin, Sanlecque s'exprime ainsi, toujours en parlant de Robert Ballard II : *Ce qui rend encore plus absurde et insupportable la prétention de ce particulier, c'est qu'il n'en excepte même pas ceux qui ont gravé et fondu les caractères ou planches* (1) *dont il imprime, à la fabrique et confection desquels ni lui, ni ses prédécesseurs n'ont jamais agi ni su agir.*

Ballard, de son côté, n'y allait pas non plus de main morte; il avança que de Sanlecque fils n'était pas de la religion catholique apostolique et romaine; concluant que, « vu l'ignorance des autres imprimeurs, lui seul doit être chargé des impressions de musique, à cause du désordre qui arriverait dans icelles impressions, si d'autres que lui s'en mêlaient, vu qu'elles ne seraient remplies que de fautes, de discours impies, lascifs, contre les bonnes mœurs et contre la foi catholique; au lieu que lui seul n'imprime que des choses saintes, comme messes, mottets, magnificats et autres choses propres et nécessaires à chanter dans les églises durant le service divin. »

De Sanlecque, dans sa réponse, renvoya les lecteurs aux publications de Ballard, pour faire voir que celui-ci n'était pas si attaché au service divin qu'il ne se prêtât aussi à celui de Vénus et de Bacchus (2). On

(1) Il s'agit ici évidemment de clichés, car on ne gravait pas alors la musique sur des planches. Lottin, dans sa *Chronique des libraires*, page 87, dit que : « dès la fin du xviie siècle, on avait imaginé à Paris de fondre d'un seul jet, en cuivre, un calendrier. » En 1744, un anglais nommé Ged croyait avoir eu le premier l'idée d'un *cliché*, en publiant une édition de *Salluste*. Il est bien difficile de ne pas supposer l'usage des *clichés* comme une pratique très-ancienne, quand on compare ensemble des éditions différentes d'un même Recueil de chansons du xvie siècle même, et qu'on remarque leur parfaite identité.

(2) Faut-il admettre que les imprimeurs d'Allemagne étaient plus moraux que ceux de France dans le choix de leurs impressions. Le fragment suivant semblerait l'appuyer, c'est une partie de la *prière journalière de l'imprimeur* qui se trouve dans l'ouvrage d'Ernesti, publié à Nuremberg en 1733, sous le titre : *Die wol eingerichtete buchdruckerey*, etc. On y trouve ceci : « Guide-moi, père miséricordieux, afin que je ne m'occupe que de choses pieuses, véridiques et instructives. Préserve-moi, Dieu de bonté, de toute action menteuse, inutile, impudique, qui puisse entraver et corrompre un cœur chrétien; fais que je refuse de composer et d'imprimer de pareilles choses et de donner par là aucune occasion de faire le mal, etc. »

n'avait, en effet, qu'à ouvrir les *Chansons pour boire et pour danser*, publiées par Robert Ballard II, pour trouver des choses morales dans le goût de ces deux strophes :

Reproduction faite avec les caractères de Ballard.

Ah! que tu es im - por - tun, Vois com-ment tu me chif - fon - nes; Mais quel plai - sir tu te don - nes: Et s'il ar - ri - vait quel - qu'un, On croi-rait bien que tu n'o - se Me fai - re quel - que autre cho - se.

Non, ne me chiffonne plus,
J'aime mieux te laisser faire,
Puisqu'en tout je veux te plaire,
Tout le reste est superflu :
On croirait que tu n'ose
Me faire quelque autre chose.

Le procès en question se prolongea pendant sept ou huit ans, même aucun document ne nous apprend s'il a jamais été terminé par un jugement.

L'impression de la musique revenait alors très-cher. Ainsi, dans un traité entre le sieur *Moulinié*, musicien de la musique ordinaire de son *Altesse Royale* et *Jacques Sanlecque*, imprimeur, il appert que ce der-

nier consent à imprimer mille exemplaires des œuvres dudit *Moulinié* moyennant 16 livr s tournois par feuille.

Selon Fournier le Jeune, Jacques de Sanlecque II mourut en 1660 ;
avec lui finirent les graveurs de caractères en France, et soixante ans
s'écoulèrent avant qu'il s'en formât d'autres.

En 1660, nous trouvons Marie Manchon, la veuve de Sanlecque, con-
venant avec le sieur *Roberday* de lui imprimer ses œuvres in-4° à
raison de 24 livres par feuille, le sieur Roberday fournissant le papier.

Robert Ballard II, voyant que son privilége de *seul noteur et imprimeur* s'en allait en fumée, chercha à s'approprier le plus de caractères,
poinçons, moules et matrices de musique qu'on eût alors, ceux de
Sanlecque surtout devinrent pour lui un véritable objet de convoitise ;
mais la veuve Sanlecque refusa les 2,000 écus qu'il lui proposa.

Des imprimeurs anglais offrirent à cette dame la somme de 10,000 livres ; l'affaire était conclue ou allait se conclure, mais le gouvernement
s'opposa à la sortie du royaume de ces caractères.

Il est incontestable que les Ballard étaient des gens très-habiles ; car,
malgré la mauvaise réussite de quelques-uns de leurs procès, nous
voyons, à partir de 1695, Christophe Ballard, pour effrayer ses confrères
imprimeurs de musique, ne joindre à ses publications qu'un fragment
de privilége, et y glisser une partie du jugement qui ne s'appliquait
qu'à ses *caractères propres*, quant à la contrefaçon. Ainsi il met *qu'il
est défendu sous peine de dix mille livres d'amende et de confiscation,
de tailler, fondre aucun caractères de musique*..... Il s'arrête là, sans
faire suivre : *inventés par le sieur Ballard*. Il s'en garda bien, n'ayant
rien inventé.

Cette question du *privilége exclusif* fut encore soulevée en 1708, par
Christophe Ballard contre J. B. Lulli (le fils), qui voulait imprimer lui
même les œuvres posthumes de son père et les siennes. Christophe
Ballard publia à cette époque un *factum* de 29 pages in-folio, dans
lequel, après avoir invoqué l'ancienneté de ses titres, énuméré ses ancêtres et reproché à Lully qu'il ne cherchait rien moins que la *destruc-
tion d'un privilége accordé par nos rois depuis près de deux siècles, pour
la perfection d'un art célèbre*, etc., il continue en ces termes : D'autres
particuliers aussi téméraires que Lulli, ont vainement emprunté le
prétexte du bien public, Ils alléguaient qu'un privilége exclusif détrui-
sait la liberté et étouffait l'émulation si nécessaire pour l'accroissement
des arts. Mais toutes les fois que le conseil, fatigué de ces plaintes, a
examiné quelle a été la naissance et le progrès de l'impression de la
musique en France, il a reconnu qu'elle avait trop peu d'étendue pour
souffrir d'être partagée, les ouvriers qui y sont employés doivent avoir

été longtemps exercés soit dans ce genre d'impression, bien différent des autres, soit dans la connaissance de la musique même, ce qui ne peut se faire que dans une assez longue suite d'années. S'il y avait en même temps plusieurs imprimeurs de musique, le peu d'employ qu'ils trouveraient leur feraient négliger de prendre ces soins trop épineux. Les ouvriers se dégoûteraient ; il ne s'en formerait plus de nouveaux ; d'où s'ensuivrait l'entière décadence de cet art, qui d'ailleurs n'est pas extrêmement lucratif, puisque la famille de Ballard, qui le cultive depuis près de deux cents ans, n'y a acquis que des biens médiocres, pendant que tant d'autres libraires et imprimeurs ont fait une fortune considérable. C'est par rapport à ces raisons que tous ceux qui ont tenté jusqu'à présent de faire démembrer le privilége de Ballard ont échoué dans cette entreprise. »

Plus loin, nous apprenons que l'imprimerie de Christophe Ballard était alors composée de *quinze ou seize ouvriers*.

Au milieu de tous ces procès, vers l'année 1675, parut la musique *gravée en taille douce*, d'abord en essais timides ; c'étaient même encore les notes en losange, quoique la ronde vînt bientôt les remplacer. Les plaideurs Ballard voulurent encore se soulever contre ce perfectionnement, mais ils perdirent leur cause, et la taille douce ne servit qu'à montrer son immense supériorité sur les caractères usés des Ballard.

En 1746, un M. *Keblin* avait apporté quelques améliorations à la musique typographiée ; mais c'est surtout en 1754 et 1755 que M. Breitkopf, à Leipzig, donna aux caractères de fonte pour la musique une forme plus gracieuse que celle qu'ils avaient eue jusqu'alors.

Rosart, graveur et fondeur à Bruxelles, contribua, en 1762, à perfectionner ce caractère typographique, mais il était encore très-morcelé, tout en l'étant moins que celui de M. Breitkopf de Leipzig.

En 1755 et 1762, Fournier le Jeune livra de nouveaux caractères typographiques pour la musique. MM. Gando père et fils en produisirent également qui pouvaient lutter avec ceux de Fournier le Jeune. A partir de cette époque, la gravure envahit le commerce de la musique et fit sensiblement disparaître la musique imprimée. Ce n'est que depuis quelques années que le procédé *Tantenstein* et celui de *Curmer* ont donné un nouvel élan à la musique imprimée.

Mais n'anticipons pas sur notre travail. Nous nous proposons de traiter dans la *seconde partie* des perfectionnements apportés à la typographie musicale au XVIIIᵉ et au XIXᵉ siècle, puis aussi de la *gravure sur planches*, enfin des différents procédés et des améliorations qui s'y rattachent.

Ouvrages consultés :

Bibliotheca librorum classica, das ist : Verzeichniss aller Bücher, so fast bei undenklichen Jahren deutscher Sprache in Druck, etc. , ausgegangen, G. Drauidium, Frankfurt, 1611, in-4°.

Die wol-eingerichtete Buchdruckerey, etc. , par *J. H. G. Ernesti,* à Nuremberg, 1733, in-4° oblong.

Traité historique et critique sur l'origine et les progrès des caractères de fonte pour l'impression de la musique, par Fournier le Jeune, Berne et Paris, 1765, in-4°.

Gando, *Observations sur le Traité historique et critique de Fournier le Jeune,* 1766, in-4°, Paris, chez Moreau.

Catalogue chonologique des libraires et des libraires-imprimeurs de Paris, depuis l'an 1470 jusqu'à 1789, Paris, chez J. B. Lottin de Saint-Germain, 2 vol in-8₀.

Ottaviano dei Petrucci da Fossombrone der erste Erfinder des Musiknotendruckes mit beweglichen metalltypen und seine Nachfolger im sechzehnten Jahrhunderte von Anton Schmid, Wien, 1845, in-8°.

Le Bibliophile illustré, Londres, 1861, grand in-8.

Biographie universelle des musiciens, par Fétis, 1860-1865.

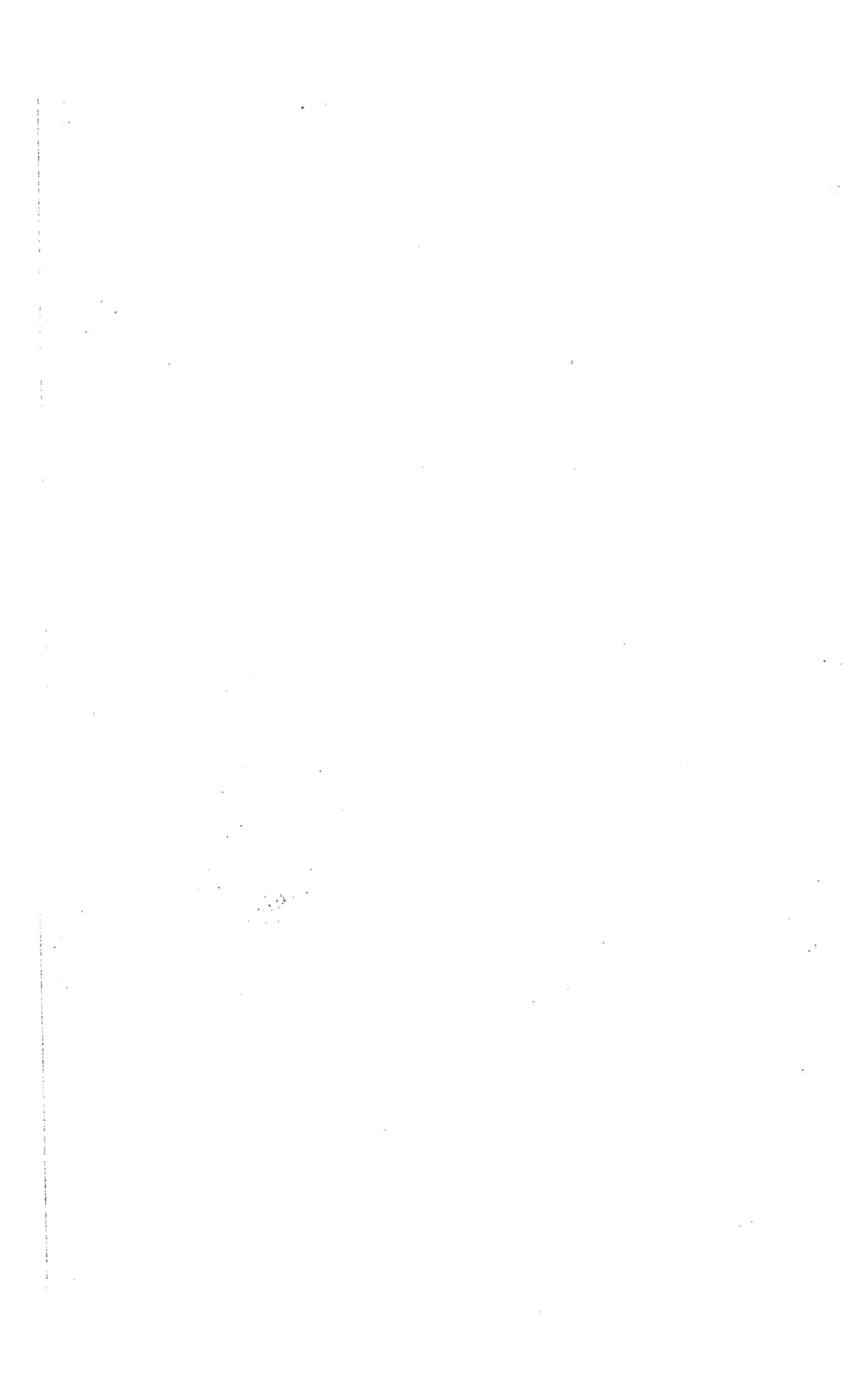

www.ingramcontent.com/pod-product-compliance
Lightning Source LLC
Chambersburg PA
CBHW052133090426

42741CB00009B/2066